INTEGRITY

岸田雅裕
Masahiro Kishida

インテグリティ

正しく、美しい意思決定ができる
リーダーの「自分軸」のつくり方

The decision to be honest and adhere
to personal moral principles

東洋経済新報社

まえがき――インテグリティを自分自身の軸とする

私は、2019年末まで、外資系コンサルティング会社であるカーニーの日本代表、2020年末までグローバルの取締役会メンバーを務め、2021年の初めからは、経営幹部のサーチとリーダーシップに関するアドバイザリーであるラッセル・レイノルズ・アソシエイツの日本における代表者として仕事をしています。

ビジネスのプロフェッショナルとしての自分のこれまでを振り返ると、「インテグリティ」を培う旅をしてきたのであり、これからもその旅を続けていくのだと思います。

「integrity（インテグリティ）」という言葉は、英語で人物を評するときなどに「あの人はインテグリティがあるね」とか、「彼はないね」というように使われます。

「誠実」とか「高潔」「廉直」などと訳されますが、私の感覚では、ぴったり一致した日本語の単語は存在しないのではないかと思います。

「インテグリティがある」というのは、「人に対して誠実である」とか、「職務に対して誠実である」という状態を指すようです。

また、ある人物の言動に一貫性がある状態を指して、「インテグリティがある」とも言います。相手によって極端に違う態度をとる人は信用できない。そうではなくて、誰に対してもインテグレート（統合）されている誠実な対応をする人を指して、「インテグリティがある」と言います。

相手によって態度や言葉を極端に変えることがない、裏表のない人、他人にも自分にもウソをつかない人と言ってもいいかもしれません。

私はこれからのビジネスパーソン、プロフェッショナルやリーダーになろうという人たちには、このインテグリティを培うことがより重要になると考えています。

なぜなら、インテグリティが自分自身の軸となり、インテグリティという物差しがあれば、仕事において、そして人生においてさまざまな選択を迫られたとき、後悔しない意思決定ができるようになるからです。

本書では、まず序章でインテグリティのある人間ではなかった自分自身の若い頃を振り返ります。第1章で「インテグリティとは何か」、を定義し、第2章以降、インテグリティを軸に、課題設定、意思決定、信頼、チーム力、リーダーシップというテーマについて、私自身の経験をふまえて、私の考えを述べます。そして、第7章ではインテグリティを培う学びの方法を、終章では「60歳からの挑戦」として、私が60歳を前に転職して「日本のリーダーを育てる仕事」「人をプロデュースする仕事」でインテグリティを追求したいと考えるに至った動機を述べます。

また、各章の後に「インテグリティを培う『お薦め本』」を紹介します。

ところで私の息子は2018年の春に社会人としての一歩を踏み出しました。本書はプロフェッショナル論、リーダー論でもあるので、もう少し上の年代の人に読まれることを想定していますが、これからの時代を生きていく彼にぜひ読んでほしいと思って書いたものです。

おそらく息子はこれからさまざまな困難にぶつかり、試行錯誤を繰り返すと思います。そういうときにインテグリティは道を照らす明かりとなるはずです。読者の皆さんにとってもそうであることを願っています。

2021年6月

岸田雅裕

INTEGRITY インテグリティ［目次］

第1章

インテグリティとは何か

基本的な人格の土台となるもの

第2章

課題設定におけるインテグリティ

世界はこうあるべき、という理想を語れる

第3章

意思決定におけるインテグリティ

「正しい」ことが直観でわかる

第4章 クライアントの信頼を得るインテグリティ

共感し、共感される

第5章 チームの力をまとめるインテグリティ

アウトプットを最大化できる

第7章

インテグリティを培う

歴史に学び、「学び方」を学び続ける

序　章

インテグリティを追求する私自身の旅

自分の中で折り合いをつける

大学受験で「日和ってしまった自分」

正直に言うと、私自身はずいぶん長い間、インテグリティのある人間ではありませんでした。

私は中学生のころから建築家志望でした。建築家になるには、大学入学の際に理系を選択し、建築学科に入る必要があります。

しかし私は高校3年生の秋に東大理Ⅰに現役合格する自信がなかった。そのため11月に進路を文系に変更する、いわゆる「文転」をしました。これは自分で決めたことです。

両親に「東大に行け」と言われたわけではありません。むしろ両親は「家から地元の大学に通えばいい」という意見でした。

結果としては、東京大学の文Ⅱ（経済学部）に現役合格しましたが、私には、このとき自分をごまかしたという思いが、あれから何十年たっても残っているのです。

建築家をあきらめて東大に現役合格することを優先したときの私が何を考えていたかというと、いろいろな気持ちが混じっていて一言では言えません。

浪人するのはいやだったし、生まれ育った土地（愛媛県松山市）に閉塞感を感じていたので東京に行きたかったし、東大ブランドにも目がくらんでしまった。自分のやりたいことではなく、世間体のいいほうを選んだ。東大に行けという親でもないのに、自分から日和ったという事実は自分自身への不信感として残りました。

大学に入学しても勉強したいことがあったわけではないので、芝居を見に行ったり音楽を聴いたり本を読んだりで、ほとんど授業にも出ず、勉強はしませんでした。気持ちとしては、東大に入ったことを帳消しにしたかったのです。

だから就職するときはその反動で、自分が本当にやりたいことをやろうと思いました。結果的に私は大学を卒業した1983年にファッションビルを運営するパルコに就職しますが、同級生たちは皆、官僚になったり、大手銀行や生保・損保、総合商社といった有名企業に就職していきました。

友人たちは大学の3年ぐらいまでは、あんなことをしたい、こんなことをしたいと理想を話していたのに、就職活動が始まった途端「やっぱり東京海上だよね」みたいに態度が一変した。これには少し驚きました。「あれ？ 世界を変えるようなことを言っていたのに、全然関係ないところに就職するんだ」と思いましたが、自分もこのままでは大学進学のときと同じように、世間体のいい、どこか有名な企業に入ってしまう気がしました。

「街をプロデュースする仕事」で折り合いをつける

そこで自分が何をしたいのか考えたら、「街をプロデュースする仕事をしたい」と思いました。

当時のパルコは、テナントとして洋服を売る店を集めたファッションビルを展開していたのですが、特徴的だったのが、ただ繁華街にビルをつくるのではなく、街全体をプロデュースしていたことです。パルコは１９６９年に池袋で誕生、１９７３年の渋谷店出店を機に、渋谷を街ごとおしゃれな街に変えました。

「区役所通り」という無味乾燥な名前のついていた通りを、「公園通り」と命名したり、井ノ頭通りからパルコに続く坂道を「スペイン坂」と名付けたりした。砂漠をオアシスに変えたのです。こういう会社なら、自分も街全体をプロデュースする仕事ができるかもしれない。建築家になることはできなかったけれど、街をつくる仕事には建築の要素がある。このように考えて、東大男子新卒の採用実績がないパルコに就職しました。そして、５年間、自分はいかほどのものか試してみようと。そうすることで、私は私なりに自分へのインテグリティを取り戻そうとしたのだと思います。

自分に誠実であるのは、難しいことです。初志貫徹と言っても、多くの人はそれほど簡単にはできないでしょう。思いどおりにはいかないことのほうが多い。そんなとき、どうやって自分に折り合いをつけていくかが重要だと思います。

ＭＢＡ留学を経て戦略コンサルタントに転身

その後、日本はバブル景気を迎え、不動産開発が活況になりました。パルコにも「元金を返さなくても、利子さえ払ってくれればいいから、融資を受けて開発をしないか」という話が銀行から持ち込まれたりしました。

しかし借りた金を返さなくていいというのが本当だったとしても、そんな異常な事態が長く続くはずがない。１９８０年代後半、事業企画担当として国内の店舗開発の計画を立て、収支計算をして不動産開発案件のコンペに参加する、という仕事をしていた私は、どうしてもその仕事に乗り気になれずにいたところ、セゾングループに海外の開発物件が持ち込まれるようになり、「海外の仕事をやらせてほしい」と申し出て、シンガポールの街の再開発などを担当することになりました。

海外の仕事をするようになると、海外と日本とでは仕事の進め方が違うことに気づきます。それまで私は、両者の言い分が違ったら、双方が妥協して中間地点で合意するというような、いわゆる「落としどころを探る」仕事のやり方しか知りませんでした。しかし海外の仕事相手にはそれが通用しない。何事もロジックが通っていなければ相手を納得させることはできないのです。

日本人以外の人たちと仕事をする中で、「もっと理路整然と説得することができないとダメだ。自分はこういう人たちに伍して働けるようになりたい」と思うようになり、会社をやめてアメリカにＭＢＡ留学することにしました。

帰国後は外資系経営コンサルティング会社に入ってコンサルタントになりましたが、コンサルティングの仕事もプロデュース業の一種であると言えます。

私たちのクライアントには、最終的には社長になる人もいます。次の社長でなくても、次の次の社長だったりすることもある。その人が社長になっていくキャリアとか、社長としての成功をプロデュースする仕事だというふうに自分で自分の仕事を決めてみよう。そうするとなんとなく自分の中で折り合いがつくと思いました。

その後、ブーズ・アンド・カンパニーとカーニーという二つのコンサルティング会社で、日本の事業責任者を務めるようになってからは、若いコンサルタントを育てるという意味でも、自分はある種のプロデューサーだと思うようになりました。

建築のプロデューサーにはなれなかったけれど、ビジネスの世界における人のプロデューサーにはなれたかもしれない。

つまり、キャリアは思ったとおりにはいかないけれど、自分の生き方やキャリアに一つのインテグリティを見いだすことは可能なのではないか。言い訳かもしれませんが、そんなふうに思うようになりました。

そういうふうに貫くものがないと、やってきたことが蓄積していかない人生になってしまうように思います。

今の若い人たちの多くは、かつてのように、「一つの会社にいればなんとかなる」という人生は送れないでしょう。変化の激しい時代ですから、プランを立てたところで、そのとおりにはいかないはずです。いかないけれど、いかないからこそ、インテグリティが重要です。

私のように自分が日和ってしまったと思ったら落とし前をつけるとか、失敗したと思ったらそれを認めて挽回するとか、自分の中で糸がつながるようにストーリーをつくる。そうすることでインテグリティが培われていくのだと思います。

インテグリティを培う「お薦め本」

読書はインテグリティを培うのに必要不可欠なもの

本書では、各章の最後にインテグリティを培う「お薦め本」のコラムを設けました。その理由は、読書はインテグリティを培っていくために必要不可欠なものだと考えるからです。まず、私にとっての読書とは何かを述べます。

充実した日々を送るためには、心技体が充実した状況において一つひとつの意思決定を行い、それに基づく行動をする必要があります。それは、たとえば野球において、投手がその球速とコントロールを操って打者を打ち取るのと同じことです。打たれるときは投球フォーム、球の握りとリリース……というメカニックにどこか乱れが生じています。そのとき投手は、過去の投球をビデオでチェックしたりコーチの助言を受けたりしてメカニックの修正を行います。

私にとっての読書は、日々正しく思考し行動するための内面のメカニックを正しく保つためのものです。物事は思ったとおりにはいかないことが多々あります。プレッシャーの下で正しい思考ができないときもあるし、行動に移れないときもあります。そんなときに、読書は自分の中の対話を通じて、正しい生き方のメカニックを取り戻すきっかけを与えてくれます。

それでは、読書は音楽、絵画、映画鑑賞と何が違うのでしょうか。これらによって私は内面との対話を行い、ポジティブな影響を与えてもらっていることは読書と同じです。ただ、音楽と映画は私にとっての適度なスピードに従ってくれないことも多いです。ちょっと戻ってということもできないわけではありませんが、本よりは難しい。戻ることによって失われてしまうものもあります。私にとって音楽と映画は、むしろ気持ちの高揚と浄化の役割が大きい。絵画は自分の時間軸で対話をすることが可能ですが、本のようにメカニックの修正テーマのレパートリーを簡単にどこでも手に入れることはできないと思います。

本書での本の選択については以下のようにしました。まず、私の仕事に直接関わる本は取り上げていません。それはインテグリティを培うことには関係がないので。それからいわゆるハウツーものもありません。それは私が読まないから。文学は最も人間と社会を広く、深く知ることができるものですが、それはあまりにも個人的なものだと思いますので、これも含めないことにしました。そして、文学作品ではないけれども、インテグリティを培うきっかけになりそうな本を書き手に焦点をあてながら選びました。

第１章

インテグリティとは何か

基本的な人格の土台となるもの

インテグリティとは人格の土台となるもの

本書ではこれからのプロフェッショナルやリーダーに求められる資質である、インテグリティについて述べていきます。

この第1章では、そもそも「インテグリティとは何か」について、私自身の経験や見てきたことから、私なりの定義をしておきます。

「まえがき」でも述べたように、インテグリティとは英語で「誠実」「高潔」「廉直」などという意味ですが、「あの人はインテグリティがあるね」というときは、他人に対して誠実であるとか、自分に対して誠実である、職務に対して誠実であるという状態を指します。

あるいは過去も含めて言動に一貫性があることも意味します。また人間というのは相手によって見せる顔が違うものですが、それがある程度、インテグレート（統合）されていて誰に対しても同じように誠実であることもインテグリティのある人間の条件です。

「あそこではこう言っていたのに、ここでは別のことを言っている」というようなことがない。自分にも他人にもウソをつかない人が、インテグリティのある人だと思います。

そしてインテグリティは基本的な人格の土台となるものであり、日々自分で磨いて高めていかなければならないものだと思います。たとえてみれば、パソコンのOS（オペレーティングシステム）のようなものです。

いくらいろいろなアプリケーションを集めても、OSがしっかりしていないと空回りする。それと同じように、いくら頭がよくても、いくら仕事上の知識やスキルを身につけても、OSに当たる基礎がしっかりしてないと上滑りしてしまったり、人に影響力を及ぼせなかったり、逆に自分の心身がすり減ってしまったりするのではないでしょうか。

また、インテグリティは常に定期的なバージョンアップが必要なところも、コンピュータのOSとよく似ています。

そういう意味では、私もまだまだ道半ばです。今でも情けないところはありますし、過去を振り返れば恥ずかしいことは多く、人に迷惑をかけたことも数知れずあります。

でも自分が思ったとおりではなかったにせよ、ある方向に自分自身の統合をはかっていくと同時に、他人からも、「あの人がそう言っているのであれば、それはそういうことだよね」と思ってもらえる人にはなってきたような気がします。

たまに、「あの人の言っていることは、半分くらいウソだよね」と思われている人がいるでしょう。そういう人はみんなから「どこか裏がある」と思われていますが、おそらく私は「あまり裏がない人」と他人から思われていると思います。自分を欺いていないし、人も欺いていない。そうなると、仕事も楽になってきます。

インテグリティを磨いていくと、後悔しない意思決定ができるようになります。少なくとも本人にとっては正しい意思決定をしていく。それが社会の中で釣り合っていれば、正しい意思決定とか、美しい意思決定ということになるのでしょう。

ネスレ元CEOの言葉「自分が正しいと思うことをするしかない」

2020年から地球規模で感染拡大した新型コロナウイルスは、世界のありかたを一変させてしまいました。コロナウイルスの影響で売り上げが減った企業は、従業員の解雇や工場の閉鎖を迫られるかもしれない。在宅勤務に切り替えたことで、さまざまな混乱が生じているかもしれない。いったい何を頼りに意思決定をすればいいのかわからないまま、重い決断を迫られる事態となってしまったのです。

このコロナについて、ネスレの元CEOで取締役会会長のポール・ブルケ氏がカーニーのシンクタンク部門であるグローバル・ビジネス・ポリシー・カウンシルのポール・ローデシナとの対談でこんなことを言っていました。

「これからは〝こっちのほうが儲かる〟とか、〝こうすれば成功する〟とか、そういうことではなく、自分が正しいと思ったことをするしかないのだ」と。私もまったくそのとおりだと思います。

しかし、そんなとき何をもって正しいというのか、指針になるものがないという人も多いのではないでしょうか。インテグリティは、判断に迷ったとき、どうすればいいかわからないときの指針になってくれるものです。

これからの時代は、いろいろなことがより不確実になると言われています。

人類の歴史を振り返ってみても、不確実な期間は不定期に訪れるものです。そのような時代にこれから仕事をしていくということを考えたら、何が正しいかという判断を自分でできるようになることは非常に重要です。リーダーと呼ばれる立場にある人ならば、なおのことでしょう。

この新型コロナウイルスは、経済にも大きな影響を与えました。それ以前からESG、SDGsの流れも強くなっています。このような状況では、リーダーは非常に難しい意思決定を迫られます。

ミルトン・フリードマンの唱えた「企業は経済的責任以外のことを考慮すべきでなく、ただ株主の利益のために行動すべき」という考えが主流となった過去の40年は、「どうすれば儲かるか」ということを考えればよいと思っていた。しかしこれからの時代はそれだけでは立ちいかなくなります。

何を頼りにすればいいのか、何を目的として意思決定をしていくのがいいのか、今は単純ではない時期だと思います。

新しい製品を出すとか、価格設定をどうするかとか、従業員をどのように扱うのかとか。コロナによって売り上げが大幅に減るような企業であれば、従業員を削減するとか、工場や店舗を閉鎖しないといけないとか、そういう意思決定をしなければならないかもしれない。

ネスレ会長が言っていたのは、「儲かるとか成功するとか、そういう判断基準ではなく、自分が正しいと思ったことをするしかない」ということです。そのとおりだと思いました。

「Do the right thing」vs.「Do the things right」

しかし自分が正しいと思ったことをするとしても、それが誰にとっての正しさなのかが問題です。従業員に対して、社会に対して、もちろん株主に対してなど、立場によって何が正しいのかは変わってきます。

英語では「Do the right thing（正しいことをする）」という言い方をよくします。その一方にあるのが、「Do the things right（前例どおり正しくやる）」という言い方です。この二つは、よく似ているけれど語順が違う。

たとえば私にとっては近年の霞が関の多くの役人がやっていることは、「Do the things right」に見えてしまいます。いや、それ以下かもしれません。

「前例がこうです。法律にはこう書いてあります」「それはできます／できません」というような基準で判断しているだけですから、それはおそらく「Do the right thing」ではありません。

もしも彼らが自分はパブリック・サーバント（公僕）だという気概があれば、たとえ前例を破っても、省益に反することがあっても、時の政権の意に反しても、しなければいけないことをするのが「Do the right thing」ということになります。

それは霞が関官僚だけではなく、私たちにも同じことが言えます。やはり「Do the right thing」というのは、言うほど簡単ではありません。

そもそも「Do the right thing」を考えなければいけない局面というのは、誰かほかの人や、過去の自分のやったことなど、何かと衝突があるからこそ、考えなければいけなくなっているわけです。そういう場面ではどのような意思決定をしても、何か自分の中で犠牲にするものもあるかもしれない。あるいは今までうまくいっていたものを切り捨てたりしなければいけないかもしれない。それを超えて意思決定をするというのはそれほど簡単ではないでしょう。しかし普段からインテグリティを意識していれば、そういうときでも正しい意思決定ができるのではないか。

社内や社外でトラブルが起きたとき、自分にとって損か得かで判断していると、判断を誤ります。何か揉め事が起きるというのは相手がある話ですから「相手がうんと言うように」とか、「相手を怒らせないように」、あるいは「自分が最後に交渉に勝つように」というような基準でその都度判断をしていると、長期的には道を誤ると思います。

何が正しいか、自分の「物差し」を持つことが重要

損得や相手がどう思うかではなく、自分が正しいと思う判断基準、いわば自分の物差しがあれば、何か判断に迷うことがあっても、「自分の物差しに合うからイエスと言います」「自分の物差しに合わないからノーと言います」というふうにインテグリティのある対応ができます。

とはいえ相手があることなので、常に自分がよい結果を得られるとは限りません。しか

しその場合でも、より少ない後悔で済むでしょう。これが相手に合わせていったり、何か得をしようと思って自分を曲げて判断したりすると、予想する結果にならなかったときに悲惨なことになります。

その点、自分の側に一貫した物差しがあって、それに照らしてイエス・オア・ノーと判断している限りは、たとえ結果がどうであろうと自分の生き方として得心がいくから、心は平安です。

もっとも私も、今までずっとそうやってきたわけではありません。やはり一つひとつの意思決定では、自分が勝つことや相手の歓心を得ることを目的に判断したこともありました。しかしその場合は勝っても負けても心はあまり穏やかではありません。その都度自分の立場や態度を変えていた私に、インテグリティはなかったということです。

自分の物差しに従って判断をしていけば、インテグリティのある人間になれるはずです。もしかしたら自分の物差しが、いわゆる世間の常識とは、ずれていることもあるかもしれません。その場合はしんどいかもしれないけれど、物差しに自信があるなら、自分を信じるべきでしょう。ただし何十年も持ち続けている物差しであっても、物差しのほうが明らかに狂っているのであれば、変えなければいけないと思います。

「お金にルーズな人」「他責の人」はうまくいかない

これからのビジネスパーソンは、いくら仕事ができても、インテグリティがなければ、成功はおぼつかないでしょう。

インテグリティのない例を挙げれば、優越的地位を乱用する人がいます。自分の部下にはしないけれど、取引先には無茶なことを要求したり、ハラスメントをしたり。

もしもそういう相手と仕事をすることになったら、私はたとえどんなに利益を得られるとしても断ります。そういう人間が自分の部下であれば、辞めてもらうこともあります。「こいつは仕事ができるから、辞めてもらうのではなくて、注意するだけですませよう」というのではインテグリティがない。

たとえば飲食費など、私的な消費を会社の経費として請求することについても、誰が相手であっても、私は公平に厳しく対処します。

どこのコンサルティング会社でも、お金にルーズな人はいるものです。過去に全体がそういう体質の会社に勤めていたことから、何でも会社に請求する癖を付けている人もいました。

恥ずかしい話ですが、以前、「出張中であればワイシャツとスーツのクリーニング代は経費として請求できる」と決まっていたころ、5着分のスーツの請求が来たことがありました。常識で考えれば、1週間の出張で、スーツを5着も着ないでしょう。

夜の8時以降まで残業して食事をするときは、会社に2000円まで食事代を請求できるという時代があったときに、毎日請求する人もいました。そうかと思えば、同じくらい遅くまで仕事をしているのに、その食事代を1回も請求しない人もいた。

この食事手当は私がその会社の日本のリーダーになってから廃止しましたが、十分な報酬を受け取っているのに、毎日経費で夕食を食べるなんて、精神が貧困だと思います。

しかしそれが当たり前だという環境はあって、そういうことを続けていくうちに、だんだんエスカレートしてしまう。そしてどこかで間違いを起こします。でも当事者たちは感覚がマヒしているので、すでに善悪の判断がつかなくなっている。

コンサルタントというのは自称プロフェッショナルで、世間から「どこか胡散《うさん》くさい」と思われている職業なのですから、ハラスメント系のこととか、お金に関しては相当厳しいところに自分で線を引かないといけない。インテグリティがあれば、たとえ周囲にお金にルーズな人がいたとしても、自分は踏みとどまれるはずです。

またインテグリティがない人は、何かよくないことがあったとき、他人のせいにするという特徴があるようです。このような「他責」の人も、やはりうまくいきません。自分の失敗を認めるのはつらいことですが、物事がうまくいかなかったのは、何かしら自分にも理由があるのです。

他責ではなく自責で考えて、自分で折り合いをつけていく。そして次にすべきことを探していく。その繰り返しの中でインテグリティが培われていくのだと思います。

「儲かるから」「給料が高いから」を基準に動くのは残念な人

インテグリティのない人は、「儲かるから」「給料が高いから」という理由で仕事選びをする傾向があります。

私は経営コンサルティングの世界にいたときから転職の相談を受けることが、よくありました。そのとき仕事内容についてはまったく触れずに、条件面の話ばかりをする人も多い。

「こんな誘いがあるのですけど、どうでしょう。年収はこれだけくれると言っているので、悪くない話ですよね」

という人が多い。金額や待遇という基準で動くのは、インテグリティのない、「残念な人」ではないでしょうか。

私はこのような人には、「じゃあ、今の会社であなたは何か成し遂げたのかな。僕も何度か会社を替わっているけれど、オファーがあるたびに二、三年で仕事を替わっていたら信用されないよ」と言います。

このような人こそ、仕事がうまくいかないときは他責にすることが多い。その調子では、すぐにまた仕事を替えるでしょう。

給料が高いから仕事を替えるというのは、私が高校3年生のときに理系から文系にして東大に入ることを目指したのと、根っこは同じことのような気がします。

仮に給料が高いとしても、それは自分自身が高いのではなく、その職業がそのときは高給なだけという場合も多い。そういうことを追い求めて何になるのかとも思います。

社員の平均給与が高いと言われる企業や、安定しているという公務員は、私には興味のない選択でした。私が就職したパルコも給料は高くありませんでした。しかし、今の東大生はメジャーな業界と認められているし、高給だからという理由で、マッキンゼー・アンド・カンパニーやBCG（ボストン コンサルティング グループ）を選ぶ人も増えたといいます。私はそれもどうかと思います。

カーニーを選ぶ東大生も多いのですが、それなりに有名な会社だからとか、給料が高いとか、そういうことで就職先を決めていいのでしょうか。

世間が「今、これがいい職業だ、企業だ」と言ったからという理由で就職すれば、その職業、企業が時代の変化とともにダメになったとき、後悔します。

それよりも日本の国益を守りたいから官僚になるとか、金融の助言によって企業の成長を支援したいから銀行員になる、というように、インテグリティのある職業選びをしてほしいと思います。

企業の存在意義としても「善」や「美しさ」が問われる

損得で意思決定をせず、インテグリティに照らした意思決定をするというのは、個人だけでなく企業にも求められる姿勢です。これからの企業は、いかに効率的に利潤を追求するかだけでなく、「善」や「美しさ」といったことも問われます。

私が企業にも「善」や「美しさ」が求められるのだと意識し始めたのは、留学から帰って、コンサルタントになってからでした。パルコでお世話になった増田通二さんという実質上の創業者のもとへ帰国の挨拶に行ったのです。彼は基本的に私がコンサルタントになることには否定的で、「何だ、コンサルタントになんかなって」と言われました。でも、

「コンサルタントなら、この本を読んだらどうか」と言ってくれて、もう絶版になっていますが、当時慶應義塾大学の教授だった榊原清則氏が書いた『美しい企業　醜い企業』という講談社から出ていた本を読んでみろと言ってくれたのです。

このとき私は、「企業にも美しい企業と醜い企業があるのか」と思い、以来、「美しい企業とは何か」を自分なりに考えてきました。

その結果、私が思う美しい企業とは、事業を通じて社会を変えようとか、社会の課題を解決しようとしている企業であり、醜い企業とは、短期的な視点に立って儲けることしか頭にない企業です。

「会社は儲けるために存在するのであって、慈善活動をするためではない」と思うかもしれません。確かにここ十数年は、アングロ・アメリカンがリードするグローバルスタンダードに即した短期的なＲＯＩ（投資利益率）やＲＯＥ（自己資本利益率）などの収益性を判断する指標で、企業の意思決定が行われてきました。

しかしかつては日本の企業にも、「徳」や「善」で意思決定をしていた時代がありました。戦後の経済成長を牽引した企業は、その設立趣意書などを読むと、「徳」や「善」を非常に重視していることがわかります。

松下電器産業（パナソニック）は1933年に「松下電器の遵奉すべき5精神」の一つとして「産業報国の精神」を挙げていますし、トヨタも1935年に発表された「豊田綱領」に、「産業報国の実を挙ぐべし」と書いています。

どちらも日本が貧しかった時代からスタートしているだけあって、「自分たちはこんな社会を目指す」とか、「自社の事業を通じて社会の発展に貢献しよう」という志がありました。

しかし高度経済成長を経て、戦後70年以上たつと、いつの間にかそれを忘れて、グローバルスタンダードに即した短期的なROIやROEなどの指標で意思決定を行うことも増え、「シェアナンバーワン」とか「競争に勝つ」ということが企業の目的になってしまっていることが多いように思います。

榊原清則氏は『美しい企業　醜い企業』の中で、日本企業の出す製品はデザインに美しさがないと指摘しています。私はそれだけでなく、「これが自社のデザインだ」というオリジナリティーに欠けていると思います。他社製品の物まねや、そのときどきの思い付きのようなデザインが多い。だから新製品を出すときは、前のデザインを全部ご破算にして、一から別のものになってしまう。

クルマなどが典型的です。クルマの名前こそ同じだけれど、歴代のデザインを振り返ってみると、デザインの統一感がまったくありません。これがドイツのプレミアムカーと言われるポルシェやＢＭＷやメルセデス・ベンツやアウディであれば、どのモデルでもパッと見た瞬間に「ポルシェだ」「ＢＭＷだ」とわかります。もちろん新型が発表になるたびに微妙に細部は変わっているけれど、全体としては特徴的なデザインを維持しているからです。

一方、日本のクルマはパッと見ただけでは、「トヨタだっけ？」「ホンダだっけ？」「日産だっけ？」となる。同じトヨタカローラでも、20年前のカローラと10年前のカローラと現在のカローラに、何の共通性があるのかまったくわかりません。

日本の多くの製品に真似が多いと言われるのは、まだインテグリティを高める余地があるということでしょう。もちろんどんなものでも完全なオリジナルはあり得ないし、たかがデザインにすぎないかもしれません。けれども結局、デザインの面で後追いのものが出るということは、他社のデザインを安易にコピーするような目先の利益を重視した経営をしているということです。

近年の企業経営は、経営の技術的な面が重視されてきました。しかし今後はその揺り戻しがあるでしょう。経営者の資質としても、金儲けがうまいというだけでなく、「仁徳」や「社会に対してよいことをしたい」という思いが必要になると信じています。

それがインテグリティです。

問題解決の判断基準も「美しいか、美しくないか」になる

これからは企業の価値判断の基準の一つが、「美しいか、美しくないか」ということになると思います。企業がその判断をしたのは、「そうすることで儲かるから」ではなく、「それが善だから」「そのほうが美しいから」という時代になる。

美しい経営をしていれば、それはモノとして表れると思います。工業製品をつくる会社であれば美しいデザインのプロダクトを持つべきでしょう。

しかし先ほども述べたように、日本の工業製品はなんとなくプアで、根がないものを繰り返しつくっていることが多いような気がする。それはインテグリティが欠如しているからではないでしょうか。

もちろん日本にも、大賀典雄氏がソニーにおいてデザインを非常に重視したというような例はあります。

古い話ですが、その点パルコは美しさを考えていた企業だったと思います。

「区役所通り」という名称を「公園通り」に変えた話をしましたが、実は車道が二車線

あったのを片道一車線にしたのです。つまり、車道を狭くした。当時は車が増える時代だったにもかかわらず、車道を狭くして歩道を広くした。

さらに、パリにあったような赤い木製の電話ボックスを置いた。今はもうありませんが、それらを全部パルコがコーディネートしていったのです。

それはパルコという企業に、「ファッションを売っている企業」としてのインテグリティがあったからできたことでしょう。つまり、

「ファッションというのはなぜ売れるかというと、見てくれる人がいるから装うんだよね。すてきな服を着て人から見られるというのに、その背景がダサい街じゃしょうがない」

という考えがあったからです。

本当はパルコには資金がなかったから、渋谷駅から遠い、坂の上にある不動産価格の安い場所にパルコを建てるしかありませんでした。駅から坂を歩いてくると、高低差で見え方が変わる。名前も変えて、歩道を歩きやすくしたことで、今の渋谷の公園通りという人気の街が誕生したといえます。

「よいハサミ」とは「よく切れる」だけではない

現代は正解が一つではない時代です。たとえば「よいハサミ」という概念を規定してみましょう。われわれはハサミの機能はものを切ることだけだと思っています。よいハサミとはよく切れるハサミだと思っている。しかし、解は一つではなくていい。

日本製のハサミはどのメーカーのものでもとてもよく切れます。でもみんな同じ形。ところが大学卒業前に訪れたイタリアでは、切れ味はいまいちだけれど、形や色がほれぼれするほど美しいハサミを売っていました。

机の上に置いてあるとカッコいいハサミ。

使っているとアイデアがわいてくるハサミ。

よく切れるハサミをもっとよく切れるようにしようと考えるとすぐに行き詰まるけれど、ほかに正解はあるはずだと思って考えれば、必ず別の正解が見つかります。つまり正解は一つではない時代になっているということです。

ドラッカー、バフェットも「インテグリティ」の大切さを説いている

実は経営学者のピーター・ドラッカーや、投資家のウォーレン・バフェットも、「インテグリティ」の重要性を説いています。

ドラッカーは『マネジメント【エッセンシャル版】基本と原則』(ダイヤモンド社)の中で、マネジャーが持っていなければならない資質として「インテグリティ＝真摯さ」を挙げています。

「真摯さを絶対視して、初めてまともな組織といえる。それはまず、人事に関わる決定において象徴的に表れる。真摯さは、とってつけるわけにはいかない。すでに身につけていなければならない。ごまかしがきかない。ともに働く者、特に部下に対しては、真摯であるかどうかは二〜三週間でわかる。無知や無能、態度の悪さや頼りなさには、寛大たりうる。だが、真摯さの欠如は許さない。決して許さない。彼らはそのような者をマネジャーに選ぶことを許さない」

「真摯さよりも、頭のよさを重視する者をマネジャーに任命してはならない」

「真摯さ」と訳されているのでわかりにくいかもしれませんが、これをインテグリティと読み替えると、インテグリティの重要性がよくわかるのではないでしょうか。

つまり部下は自分の上にインテグリティがない上司が来ることを許さない。無知な上司も、無能な上司も、態度の悪い上司も、頼りない上司も、かろうじて大目に見ることはできるけれど、インテグリティのない上司は何があっても我慢できないのだと。

確かに自分の上にインテグリティのない上司が来たときは、憂鬱になることは間違いないでしょう。

また、世界一の投資家と言われるバフェット氏も、インテグリティの重要性について次のように述べています。

〝In looking for people to hire, you look for three qualities: integrity, intelligence, and energy. And if they don't have the first, the other two will kill you.〟

（人を採用するときは、インテグリティと、知性と、エネルギーを備えた人を探すといい。しかし、もしもその人にインテグリティがなく、知性とエネルギーだけがあった場合は、あなたはかえって危ない目に遭うだろう。）

実はドラッカーも『マネジメント』の中で、バフェットと似たようなことを述べています。

「知識もさしてなく、仕事ぶりもお粗末であって判断力や行動力が欠如していてもマネジャーとして無害なことがある。しかし、いかに知識があり、聡明であって上手に仕事をこなしても、真摯さに欠けていては組織を破壊する。組織にとってもっとも重要な資源である人間を破壊する。組織の精神を損ない、業績を低下させる」

どんなに頭がよくてもインテグリティがなければ組織や人間を「破壊する」とまで言っていますから、その重要性はいくら強調しても強調しすぎることはないほどです。注目すべきは、ドラッカーが「真摯さはとってつけるわけにはいかない。すでに身につけていなければならない。ごまかしがきかない」と言っていることです。

生まれつきインテグリティを持っている人もいるでしょう。しかしやはり常日ごろからインテグリティとは何かを考え、それを身につける不断の努力が必要となることは間違いありません。

渋沢栄一『論語と算盤』ほか

40代の初めに自分の毎日の行動を検証するのによいかもと渋沢栄一さんの『論語と算盤』を買ったものの、そのままにしていました。しばらくして地球物理学の世界的権威であり、わかりやすい解説でも有名な竹内均さんの解説本が出て読み始めることに。就寝前に数項目ずつ読めばすぐにも読み終える算段だったのが、数十ページで止まってしまいます。そして、枕元に置きっぱなしに。埃をかぶったところにまた読み始める、この繰り返し。

気が付くと、自分の思ったとおりいかない、意思決定に揺らぎがあるという時期が来ると埃を払って読み始める。数十ページ読み進む。エネルギーレベルが上がってきて精神的に「超ポジティブ」に戻ると枕元に置く繰り返しだとわかりました。

ネガティブになっているときは、一日に何回もある意思決定やその行動への反映というメカニックのどこかのギアがずれているというか、動きがぎくしゃくしている。それを論語の教えを読むことで修正点を見つけて調整する。修正が終わると本を置くという感じです。

２０２１年のＮＨＫの大河ドラマは渋沢栄一さんが主人公です。世界的にＳＤＧｓを目指す流れの中で、１５０年前に渋沢栄一さんが自分の利益を優先する前に、社会的課題を解決しようと次々と企業を立ち上げ育てた姿勢が、今の日本に求められているからだと思います。

その観点からより今日的で読みやすい入門編は、渋沢栄一さんの玄孫にあたる渋澤健さんが書いた『渋沢栄一の折れない心をつくる33の教え』（東洋経済新報社）です。渋澤健さんは今30歳前後の未来のリーダーにこそ渋沢栄一の言葉を知ってもらいたいと思って書いたようですが、渋澤健さんと同じ１９６１年３月生まれの私が読んでも、まだまだ自分がやりたくてできそうなことがあると決意を新たにすることができました。

竹内さんの解説本が狂いを生じているメカニックの修正のコーチだとすれば、渋澤健さんの本は気持ちを高揚させてくれる物語です。その中に「完き人《まったひと》」であることが大事だということが出てきます。「完き人」とは、「知情意が均等にかつ向上していること」ではないかと。それは「特別な才能に恵まれていなかったとしても、努力次第でなんとかなるはず」だと。私がこの本で書きたかったことを一文で書いたらこれだと思いました。

渋沢栄一の話したことを記した『論語と算盤』を直に味わうとしたら、守屋淳さんが現代語訳にしたちくま新書版がよいと思います。

第2章

課題設定における インテグリティ

世界はこうあるべき、という理想を語れる

課題設定ができるか、自分の理想を語れるか

インテグリティのある人の条件の一つに、「課題設定ができる」ということがあります。「自分は世の中をこういうふうにしたい。それにはここをこうする必要がある」というように課題を設定して、その課題解決に向けて努力していく。それがインテグリティのあるビジネスパーソンだと思います。

これまでの時代は、「何か明確な問題があって、その答えを探す」ことができれば優秀だと認めてもらえました。このときに必要なのは、中学入試のように、あるパターンの思考をすれば問題を因数分解できて、問題を解くことができる能力です。これはこれで大事かもしれません。しかしある程度の能力があれば、問題解決はできることが多いのです。

これからのビジネスにおいては、そもそも何が問題なのか、問題を定義する能力のほうが重要です。

しかし課題や問題を定義すると言っても、どうすればいいのかわからないかもしれません。

課題や問題を定義するためには、「世界は、社会はこのようであるべきだ」という理想

を持つことです。理想があれば現実とのギャップが見えてきます。

別の言い方をすれば、「未来から学ぶ」ということです。過去からの発展と自らの問題意識を重ね合わせると、あるべき未来の姿が見えてくる。その実現に確信を持てる。だから歴史を学ぶと言っても、単に過去から学ぶだけでなく、未来を見通し、そこから直観的になすべき決断をする。

経営コンサルタントは、社会に対して「理想家」であってほしいと思います。「もっとこういう世界であるべきだ」という気持ちを持つ人です。

問題が解けるとか人を動かせるとかは、それだけでも素晴らしいことですが、それができるのはコンサルタントがそのとき向き合っているクライアントに対してだけでしょう。それで満足するのではなく、その後ろにある社会や世界をよい方向に変えるという目線がほしいと思います。

今の世の中は、「世界はこうあるべきだ」と、青臭い理想論を語る人が少ないのではないでしょうか。理想を語ると、すぐに「そんなこと、簡単じゃないよ」とか、「現実を知らないからそんなことが言えるのだよ」とか言われてしまう。若い人の起業が増えているなど新しい時代が来る予感もありますが、まだまだ日本全体のビジネス・コミュニティの新陳代謝を早めるまでには行っていない。

出る杭は打たれるというか、既存の産業ごとの壁とか、産業の中の秩序とか、ヒエラルキーを壊すということに対して、拒否感がある社会なのは確かだと思います。

大企業や既存の既得権益者の側には、世の中を変えようという人がゼロだとは思いませんが、ほとんどいない。

就職の面接では、「この会社に入ったらこういうことをやって、世の中をこうしたい」と語るけれど、何年も同じ釜の飯を食っているうちに、会社の中の出世の階段を上がることが目的になってしまう。どちらかというと、4月1日にプロパー採用で入った人ではない中途採用の社員のほうが、既存の仕組みを変えることに抵抗がないようです。

このような風潮の中で、「世界はこうあるべき」という理想を語るというのは難しいことかもしれません。しかし理想があるからこそ、その仕事を通じて成し遂げたいことが明確になるのです。理想を描く力を持つことはインテグリティを培うための第一歩だと言えます。

産業を変えたいと思っている経営者と仕事をする

私はできればクライアントにも理想を持ってほしいと思っています。しかし私たちにできるのは、理想を持っているクライアントを選ぶことです。ですから私はいつも若い人には、「産業を変える、さらに産業の垣根を変えるつもりのクライアントと仕事をしろ」と言ってきました。

クライアントを選ぶというのは僭越なことではありますが、重要なことです。自社がコンペティションで選ばれて自分がたまたま担当になったのではなく、個人としてクライアントに恵まれれば、自分たちも成長できるし、クライアント企業にも社会にも貢献ができる。クライアントを選ぶとはそういうことです。

「クライアントを選ぶべきだ」と言うと、「上から目線だ」と言われてしまうけれど、「仕事をくれるなら誰でもいい」という方針では、仕事は荒れると思います。それこそインテグリティがない。

そこでよいクライアントと仕事をするための基準が、「最低でも、その人が自社の属する業界を変えたいと思っているかどうか」ということです。

会社を変えたいと思っている人は大勢います。しかし、物事を変えるときは強い抵抗がつきものです。会社を変えるつもりでは、せいぜい部門を変えるくらいで終わってしまう。産業を変えたいというくらいの熱意があって初めて会社は変わるのです。会社を変えたいというところから始まったら、おそらくほとんど変えられない。これは私の経験から言えることです。

ましてや社長になりたいというのが動機の人であれば、一緒に仕事をするのはやめたほうがいいと言っています。

本来であれば、「自分はこういうことをしたいから社長になるのだ」という順番であるべきだと思うのですが、「何をしたいから」が先にこなくて、ただ社長になりたいという人も中にはいて、「社長になりたいから、俺のために働け」と言われたこともあります。

しかしそうではない人もいて、「社長になってこれをやりたいから、その手伝いをして」と言われたこともあります。

でも、「社長になって会社を変えたい」というぐらいでは、なかなか社長にもならないし、社長になっても変わらない。

まして会社を変えるつもりで働いていないクライアントというのは、「予算があるから使わなければいけない。使わなければいけないから、コンサルタントにこんなお題を出そう」という調子です。

実を言うと、このコンサルティングマーケットには、このような需要も少なくありません。それでも報酬をもらえば私たちの仕事としては成り立つのですが、それでは世の中は変わらないし、会社も変わらない。ですから若い人たちには、せめて産業を変えたいと思っている、課題設定力のある人を探しなさいと言っています。

課題設定力のある人が産業を変えられる

課題設定力のある人は、次のような発想をすると思います。

今自分たちがいる産業は、こうして儲かっているけれど、たとえば利益率が落ちているとしましょう。それには何か原因があるはずです。日本の中では強くても、外国で強いプレイヤーが出てきているのかもしれないし、全然違う産業からやってきたプレイヤーにシェアを奪われつつあるのかもしれない。とくに今はテクノロジー業界から、自分たちの仕事を代替するプレイヤーが出てくることが多い。

そういうとき、多くの経営者は狭い範囲で変えようとします。短期的に利益を回復させようと動く。しかしそれでは次の年も同じことをしないといけなくなります。

そうではなくて、「あっ、これは産業が変わる局面なんだ」と気づいたら、「自分たちは今失うものがあろうとも、果敢に前に出ていって、その産業や自社のポジションも変えなければいけない」と思えるのが、産業を変えられる人です。

たとえば今まではモノを売っていたけれど、それだけではレッドオーシャンで激しい競争にさらされる。日本企業にもできることは韓国企業にもできるし、台湾企業にもできるし、中国企業にもできる。そうではなくて、そこにサービスを付けて産業を変えてはどうか。サービスをつくるにはかなりテクノロジーがいる。テクノロジーが自分にないのであれば、テクノロジーを持っている会社と組むか、買収することを考えるところまで行き着くでしょう。

しかしこれを実行するには、社内で大きな軋轢を生むことは容易に想像できるでしょう。今のところはモノづくりをしていれば商売が成り立つのだから「何でそんなことしなければいけないの？」と反発される。それを乗り越えてこそ産業を変えることができるわけですから、ちょっと会社の経営をよくするとか、そういうことではありません。

しかしインテグリティのある人というのは、「こういう世の中のほうがいいんだ」という理想を描くことができる。そしてそのビジョンに賛同した人がそれについていくものです。ですから私の仕事からすると、若いコンサルタントには、「そういう人を見つけて、自分のクライアントにしなさい。その人に投資しなさい」と言っています。

その人は今、社長ではないかもしれない。若いコンサルタントは直接課長や部長と仕事をしますから、役職は下の場合が多いでしょう。しかし自分の役職が上がったときに向こうも上がっていれば、いいクライアントとカウンセラーという関係になれる。

だから20代、30代のコンサルタントがいたとしたら、クライアントはそのとき30代、40代で、いい人を見つけられたら、その人を応援するといいでしょう。その人のキャリアも成功するし、コンサルタントとしての自分のキャリアも成功する。そういう関係になっています。

「世界のトップ10を目指す」という目標を共有する

インテグリティの条件の一つは理想を抱けることですが、その理想を追求して「世界のトップ10企業にランクインする」くらいの大きな目標を抱いてほしいと思います。

かつて日本の製造業は、品質がよくて安価な製品を大量に速く製造するモデルで世界的に成功したのですが、そのころのプレイヤーは、アナログの世界からデジタルの世界になったとき、振り落とされていきました。

30年前は世界の時価総額トップ30に入る日本企業がたくさんあったけれど、今の日本企業は業界ごとに見ても自動車などいくつかを除けば、ほとんどが世界のトップ10に手が届いていない状況です。企業価値、売り上げ、利益率などの指標で、30年前、20年前、10年前、今というふうに見ていくと、どの指標で見てもどんどん少なくなっています。今、世界のトップ50に入る日本企業はトヨタぐらいのものでしょう。

そういう状況でも、「世界のトップ10を目指す」という人と出会えたとしたら、それは稀有なことだから、ぜひ応援して長い付き合いをしてほしいと思います。

つまり社会を変えようと言わない限り、会社は変わらない。もし10年後も生き残っているとしたら、会社は変わっているということだし、会社が変われなかったら10年後に生き残っている可能性は低いでしょう。

今、自動車業界では、自動運転車に注目が集まっています。これは従来の自動車の概念を超えたものですから、「スマホにタイヤがついたもの」と言ったほうが正確でしょう。いずれは自動運転車が主流になることは間違いありません。あるいは自動運転車を動かすのは、もはやクルマではなくグーグルかどこかが構築したシステムになっているかもしれない。

「そのシステムと接続しないクルマは都内には入れません。その代わり都内では一切事故はありません」

ということになっているのかもしれない。そうなったとき、今の自動車メーカーがつくるのはただの箱です。トヨタやホンダ、日産という会社そのものは残っているかもしれないけれど、今のような社会的な名誉はなく、モビリティのシステムの下請になってしまうでしょう。

同じようなことが、あらゆる産業に言えます。このような時代には、抜本からビジネスモデルを変えなければ生き残れない。そのときの基準として「どういう社会が今よりよい社会なのか」とか、「何がより美しい生き方なのか」が重要になると思います。

理想を持つ経営者に学ぶ「課題設定力」

インテグリティの条件の一つである、「理想を持って課題設定ができる力」。それを持っている経営者を、私は学生時代から知っています。リクシルの代表執行役社長兼CEOに復帰した瀬戸欣哉さんです。大学に入学した1979年の4月、お互いが18歳のときから、もう40年以上の付き合いになります。

彼は住友商事にいたとき、社内ベンチャーで現在の「モノタロウ」という工場副資材の通販サイトを創業しました。

その前に私は瀬戸さんから、「こんなビジネスを考えているのだけど、面白いと思う?」と聞かれました。

つまり、現在の工場副資材というのは流通が多段階に分かれている。ネジ1本が何段階もの流通段階を経て取引されているので、値段も高くなるし、手に入るまで時間もかかる。でもインターネットという技術を使ったら、一物一価となり、高い物を買わされている人は少なくなるのではないか。

でもそうなると、言葉は悪いけれど中抜きしていた人にとっては非常に困ったことになります（実際、瀬戸さんの自宅にはいやがらせの手紙が届いたといいます）。でも彼には「何段階もの流通経路を経るのではなく、必要なものが早く手に入る世の中のほうがいい世の中だ」という理想があった。彼はモノタロウをつくれば儲かるという動機から始めたのではない。「そういう世の中がいい世の中だ」ということを信じているから、モノタロウをつくったのだと思います。

それまで工具や材料、部品は同じものでありながら、値段があってないようなものでした。たとえば自動車メーカーはネジを1本5円で仕入れているかもしれないけれど、町の自動車修理業者が買おうとすると50円とか100円とかになっているかもしれない。

自動車メーカーはたくさん買う、こっちは一個しか買わないという理由もあるかもしれないけれど、必要なときに町の自動車修理業者が手に入れるためには、何重もの流通構造のすべての段階でみんなが在庫を持って、すぐ届けられるようにしなくてはいけないから、どんどん価格が高くなっていくのです。

しかしインターネットを使ったら、自動車メーカーが買うのと同じ値段にはならないかもしれないけれど、情報が透明になって一物一価に近づくはずではないのか。

情報の非対称性＝非効率を正すことに勝機（商機）がある

瀬戸さんは世の中には情報の非対称性があって、そこを正して非効率な状態を効率的にするから、その結果として儲かるのだと思っている。非効率なところには勝機があって、それをあぶりだしてビジネスにすると、それは社会にとってもよいことだし、企業にとってもよいことである、という信念がある。

言ってみれば、瀬戸さんはそれを繰り返しているのです。

ですから瀬戸さんにはインテグリティがあって、基本的にあまりブレがないように思います。

彼は、リクシルでも同じように、「こういう商習慣はよくないから、変えましょう」と非効率な部分を効率化している。

彼の考えはそういう意味では一貫しているのです。

大学生のとき、彼は海外旅行に出かける際、現金はそれほど持たない代わりに家電量販店に行って、当時、5000円くらいの電卓のついた液晶時計などを何十個も買います。それを旅先で1万円とか2万円とかで売るのです。

また日本で買えば二束三文で売っているような小物を、旅行先で現地の人にプレゼントする。すると「じゃあ、うちに泊まりなよ」と言ってもらったりする。今思えば彼はこのころから情報の非対称性に潜む価値を見抜いていたのでしょう。

非効率を解決する建機大手コマツの「スマートコンストラクション」

瀬戸さんだけでなく、世の中の不合理のせいで誰かが困っているとか、解決したいことがあるということに気がついて、それを何らかの手段で解決できるのではないかと思いつく人はインテグリティの一つである課題設定力があると言えます。

ほとんどの人は、「自分の仕事はこれだ」と思っているから、これが不合理だとは気がつかないのです。しかしそれを解決する手段が10年前はなかったかもしれないし、5年前は実用に堪えなかったかもしれないけれど、今日は可能になっているかもしれない。そこに気がつく人はインテグリティがあると言っていい。

建機大手のコマツは、「スマートコンストラクション」という施工ソリューションを提供しています。これは建設生産プロセスのすべてを一貫してデジタル化したシステムですが、これも非効率や無駄に気がついた人がいたからできたものでしょう。

コマツは建機のメーカーですから、建機を造っているだけでもよかった。しかし高性能の建機ができても、工事の業者は自分たちが儲かるようにはならないのです。というのは、建機だけが合理的に動くようになっても、その前後にトラックが来るとか、測量ができているとか、工事の段取りがうまくいっていなければ意味がない。

工期を短縮するには、この段取りを全部変えなければいけないと、非効率を発見した人がいたからこそ、スマートコンストラクションというものができたのだと思います。

私は、スマートコンストラクションをリードする四家千佳史執行役員とは20年近く一緒に働く機会がありましたが、常に事業の革新をリードされており、コンサルタント冥利につきます。

突破者が突破するのに必要なのがインテグリティ

「クライアントには産業を変えようと思っている人を選べ」と述べました。

なぜなら単に「会社を変えよう」と思っているなら、誰かと妥協するかもしれない。けれども産業を変えようと思っていたら、会社の中での妥協なんかどうでもいいと思って、突っ走れる。そこで初めて会社を変えられるのではないか。

あるいは「社長になってから会社を変えよう」と思っている人がいたとしたら、その人は絶対に誰かと妥協します。それはインテグリティという観点から言えば、正しいほうを選んでいるのではなく、「あの人は何と言うかな」ということを計算しているのだと思います。

もちろん、社内のライバルに勝たないと役職に就けず、自分の思ったようにはならないという側面はあります。しかし理想を実現するためには、「あの人はどう言っている」「この人はどう言っている」ということに振り回されていては、絶対に妥協を迫られてしまいます。

社会はこう動いている。やりたいことをやるためには、自分たちを変えなければいけない。だから会社を変えるのだ、というところまで行った人だけが、突破ができる。私はこれをカタギの突破者（とっぱもの）と呼んでいます。

しかし突破者が社内の抵抗を突破するには、インテグリティが必要です。突破者がただのアウトローであれば、それは誰もついてこないでしょう。

「クライアントは産業を変えるつもりぐらいの人を選ばなければいけないよ」と若手の

コンサルタント、部下に言っているのはそういうことです。

そういう突破者には社会はこうあるべきであり、私たちの産業はこう変わるべきであるという理想があります。自分たちが儲かるからではなく、社会全体がよくなるように変える。その代わり、瀬戸さんがモノタロウを始めたときのように、その市場から退場するプレイヤーも出てくるでしょう。でも社会全体としては合理的な仕組みになり、皆の幸福度も高まっている。このような理想を描ける人ならば、間違いなくインテグリティがあると言えます。

名経営者には課題設定力とインテグリティがある

名経営者と呼ばれる人には、例外なくこの課題設定力があるといえます。課題設定力は「大義」と言い換えてもいいかもしれません。

自動運転車メーカーのテスラを創業したイーロン・マスクに大義があるとしたら、「事故で人が死なないクルマをつくる」ということと、「環境に優しいクルマをつくる」ということでしょう。これは既存の自動車会社も目指していますが、テスラは守るべきものがないために、よりその目的に直結した事業展開となっています。まだまだトヨタより生産能力が桁外れに低いテスラの株価は経済合理性では説明できないほど高いのですが、テスラのファンがその大義にお金を投じているのだと私は思います。もちろん、株で儲けたいだけの人もいますが。

たとえばウォークマンをつくったソニーの盛田昭夫さんには、「音楽は家で聴くだけのものではなく、いつでも好きな音楽をカセットの中に入れて持ち出せるようになるべきだ」という理想があったし、あるいは宅配便を生み出したヤマト運輸の小倉昌男さんは、もっと便利に個人宅に小口の貨物を送ることができる世の中になるべきだという理想があった。

ですから、大義を語って常識や既得権を突破できるインテグリティのある人が、日本にいなかったわけではありません。しかし現代の経営者にはそういう発想ができる人が少なくなっている気がします。日本の教育のシステムが、そういう素質のある人をどこかで抑え込んでしまうようになっているのかもしれません。

40年前、「就社」でない時代がやってくると予感

自分自身のことを言えば、私が初めてインテグリティを意識しながら決断ができたので

はないかと思うのは、就職のときです。

私が大学を出たころは、終身雇用、年功序列が当たり前でした。だから一度入った会社は定年まで勤めるのが常識だったのです。やりたい仕事があったとしても、異動で部署が変わればあきらめるしかない。

私は、それは就職ではなく「就社」だと思いました。終身雇用、年功序列というのは、経済が右肩上がりで人手不足の時には企業にとって都合のいい採用です。戦後の復興期には企業は毎年4月に同じような層の人を大量に採って、会社の色に染めるような教育をするほうが生産性を高めることができた。だからそれが成功して日本経済が強かったわけですが、私が大学を卒業した1983年当時でさえ、そういう画一的なモデルは終わるのではないかと言われていました。

そういう世の中は変わるのだという予感がすでにあったにもかかわらず、同級生の多くはやはり丸の内や大手町に本社のある大企業や、霞が関に就職していきました。

しかし私は、今はそういう考え方が主流でも、いずれそういう職に対する考え方は変わると思っていた。というよりも、変わらねばならないと思ったのです。

その結果、東大を出た人があまり行ったことがない、上場もしていないし、当時は世間的に就職先として認知されているとは思えないパルコという会社に入社しました。

しかし、今の学生は比較的、就社ではなくちゃんと就職をしているように思います。現在はキャリアデベロップメントという言葉が普通に語られるようになったし、通年採用も普通になりつつあります。このような時代は、仕事選びにもインテグリティが必要になります。自分はこういう世の中が理想だと思うから、そのためにはこういう仕事をする、という理想を描く力が問われるのではないでしょうか。

その仕事を通じて、成し遂げたいことがあるか

序章で述べたように、私は最初のキャリアでまずは5年ぐらい働こうと思いました。当時は一度勤めた会社を途中で辞めるというのは珍しかったのですが、転職前提です。

何をやりたかったかというと、それはパルコが渋谷で一回やったことです。つまり街を変えるということをしてみたかった。

パルコは渋谷の街をプロデュースしたけれど、渋谷の街そのものを持っているわけではありません。いくつかのファッションビルという点を持っているだけです。渋谷を若い人に人気の街にしたところで、もし人々がパルコに来なければパルコが儲かるわけではありません。それでも公園通り一帯が歩きたい街になるように投資を重ねた。そういう意味で

は大義を大切にしたインテグリティのある企業だったと思います。

私はそういう仕事は日本にとって必要だと思ったので、それを学んでみようと思いました。もし5年ぐらいで自分がものにならなかったら、また次の仕事に就けばいいという考えでした。

重要なのは世間の常識や損得ではなく、自分の物差しで意思決定をしていくことです。


自分自身のことで、インテグリティが身についていなかったために正しい意思決定ができなかったと反省するのが、バブル時代のパルコにおけるシンガポールの都市開発の仕事です。事業構造を決める契約を締結するところまではやったものの、実際の再開発の中身の仕事には手をつけずに退社してしまいました。

一つには、2年間くらい海外の案件に携わる中で、いろいろなバックグラウンドの人たちと仕事をして刺激を受け、日本の会社で日本人だけで仕事をすることに自分の成長という点で限界を感じたからです。

しかし、もう一つ、必ずしも海外での事業展開に理解を示す経営幹部・社員が多くない中で、毎日社内で闘っているような状況になりました。セゾングループ内の政治としてシンガポールの案件に関与するが、多くの経営資源を投下するつもりがないことがわかってきたのです。

私は突破することができませんでした。

結局、私はどうしてもそれ以上パルコに居続けることができず退社という道を選びました。インテグリティという意味では、周りの人たちに自分の考えを粘り強く伝え、正しい判断をするように努めるべきだったのかもしれません。それができず、退社という道を選んでしまったのは、自分にインテグリティがなかったということで、少し苦い思いが残っています。

二回目の蹉跌です。

瀧本哲史　『2020年6月30日にまたここで会おう』ほか

瀧本哲史さんの著書には「お薦め本」がたくさんあります。もし、まだ読んだことがないということならば、『2020年6月30日にまたここで会おう』（星海社新書）から読むことをお薦めします。この本は、瀧本さんの「伝説の東大講義」を一冊に収録したもので、もともとは10代から30代前半の読者を想定していると思われますが、彼の「檄」は読者の年齢を問わず届きます。

私自身、2時間で一気に読んで自分自身を見直すことができ、エネルギー獲得の時間対効果は非常に高いです。書名の2020年6月30日を迎えることなく、2019年8月に夭逝した瀧本さん。もし、再会があったなら何を語ったかを考えてみるのも思考のよいトレーニングになるかと思います。

さて、エネルギーをもらったけれども、では具体的にこれからどう考えて生きるかという問いへのヒントになるのは、『戦略がすべて』（新潮新書）です。この中で主張されている「合議制、効率性からイノベーションは生まれない」は、そのとおりだと思います。私が自分自身を振り返ることになったのは「『部活』が当人が意識しないままに、その後の人生を左右することは意外と多い」というところです。私は、中高大学と完璧に部活に背を向けてきましたが、完璧に背を向けてきたことが、今日の私をつくったのではないかと思い至りました。

また、「人は社会に出てから所属した会社、業界、組織の暗黙のルールを知らないうちに身につけている」には再び首肯させられました。その昔、石油ショックで世の中が自粛したときに、真っ暗な東京の夜にただ一つのネオンを点けていたのが、私が社会に出て最初に所属した会社であるパルコでした。新型コロナ禍の下でも、不要不急かどうかをお上に決めてもらうつもりはありません、と思っています。

本の読み方については、『読書は格闘技』（集英社）から学ぶことができます。自分の主張に近いものだけを読んでいてはダメというのは、まったくそのとおり。私も時に吐きそうになりながら、自分の価値観とは異なる視点から書かれたものも読んでいます。それにしても、この本で中島敦の『山月記』に遭遇するとは。今でも高校の国語の授業の記憶が蘇ります。私は、これを教えてくれた国語の教師の域に近づきたくて東大を目指したのでした。

第3章

意思決定における インテグリティ

「正しい」ことが直観でわかる

直観で「正しい意思決定」ができるか

インテグリティが身につくと、直観で意思決定ができるようになってきます。自分のことを言えば、30代前半ではインテグリティが身についておらず、退社というかたちで自分が着手した仕事から逃げてしまいましたが、そんな私でも直観で正しい意思決定をしてきたと思うこともあります。

私自身が直観で正しい意思決定をしてきたと思えることをもう一回並べ直してみると、まず就職のときの判断があります。

私は大学を出るとき、その時に世の中でよい会社と言われる会社を選ぶのは間違いだということは直観的にわかっていましたが、今の時点でもそれは正しかったと思います。日本では非常に長い間、有名な大企業に入ることが正しいこととされていましたが、それはきわめて限定的なことであって、いずれそれが崩れるということを私は直観的に知っていた気がします。

日本は第二次世界大戦で負けて、1980年ごろまでは先進諸国に「追いつき追い越せ」がスローガンでした。そんなゴールが設定されたゲームの中で、とくに製造業において日本が先進諸国に追いつくためには、プロダクトを正確につくるとか、より小さくするとか、一度に大量につくってコストを下げるとか、そういうことに意味があったと思います。やるべきことが明確にわかっていた。しかし当時ですら日本はアメリカに追いつきつつあると言われていました。

「追いつき追い越せ」はある時期だけの特殊なことであり、いずれは終わると思っていました。このように考えるようになったのは、歴史観というと大げさですが、人間の歴史を見ていると、どんなに隆盛を極めたものも、やがては廃れていくものだということを知っていたからだと思います。あのときからもう40年近く経ちましたが、そういう意味では、自分の人生における意思決定を後悔していません。

歴史のアナロジーでも直観は磨かれる

先ほども述べたように、長いスパンで物事を見れば、どんなこともやがては終わりを迎えます。ある時期には正しいことであっても、その役割を終えるということがあります。さらに、正しくないことは長く続きません。これは私自身がバブルの時代に身をもって経験したことです。変なことは続かないし、無理があるものは早晩に壊れます。

もう一つ、直観でわかったことは、パルコでシンガポールの旧市街の再開発をするときに、「これからは地元の人向けのショッピングゾーンをつくるほうがいい」ということです。

当初、シンガポールのジョイント・ベンチャーのパートナーは、観光客向けにエルメスなど百貨店の一階にあるような高級ブランドが軒を連ねるブランド街をつくりたいと考えていました。でも、そんなものをつくってもしょうがないと、私は直観で思ったのです。すでにそういう観光客向けのブランド街はシンガポールの街中に出現していました。

そのころのシンガポールは大学を出て働く女性が急増していたころです。ということは日本で言う普通のOLが、自分の給料でたくさん服を買うようになる。当時のシンガポールには、手ごろな価格の働く若い女性向けの服があまりありませんでしたが、これからはそういう人たちに供給する服のつくり手も現れるだろう。だからそういう地元シンガポールのアクティブな消費者をターゲットとするショッピングモールをつくったほうが面白いと考えました。

この直観は、歴史のアナロジーから来ています。つまりかつての日本がそうだった。今、シンガポールが同じような時代を迎えている。だから日本と同じことが起きるかもしれないという直観です。結局、シンガポールではそのとおりになりました。

このように、往々にして「歴史は繰り返す」のです。ということは、あるところで起きた変化は、場所や時間が少しずれても、背景に共通点があれば同じことが再び起こる可能性が高い。

今、ＢｔｏＢの会社は単にモノを売って終わりではなくなってきています。たとえばコピー機であれば消耗品やメンテナンスで利益を得るように、「モノを売って、部品を売って、修理する」ことで儲けるようになりました。そして今は、機械なら機械を売った先がそれを使って儲けることによってその対価をもらうようになりつつあります。

すでに先頭を切ってこのようにビジネスモデルを変えた産業もあるけれど、それを後追いしている産業もあります。このような変化の仕方が頭にあれば、クライアントから依頼された仕事を判断するときも、これは筋のよい仕事かどうかを判断しやすいでしょう。

ですから直観でわかると言っても当てずっぽうではなく、過去の歴史や物事の長期的な推移がわかっていれば、「世の中というのはこういうふうに動いていくんだ。なぜならば……」という法則がわかるはずです。それを適用すれば、およその流れは見当がつく。

できれば日本、アジア、世界の歴史に通暁することで、かなり大きな歴史観を持つことができると思います。もっとも世界の歴史と言っても、実際にはキリスト教社会というものが非常に大きな影響を与えているので、キリスト教がつくってきた西欧とか、イスラム教などの宗教についても基礎的な知識は必要です。

私は自分でも中国に関する知識が欠けているのは自覚しています。これから学ぶべき領域です。自分が住む世界とは異なる世界というものに対して、日本だけ知っていればいいんだという歴史観ではよくない。それは常に更新する必要があるでしょう。

テクノロジーの知識のアップデートも必要

直観のベースとなるものとして、さらに言えば、テクノロジーについての知識もある程度、更新する習慣をつけたほうがいい。もちろん専門に学んだことがある人ならともかく、自分が今さらテクノロジーの側のチャンピオンになれるとも、なろうとも思っていないけれど、テクノロジーが世の中にどういう影響を与えて、何ができるのかアップデートしていかなければいけないでしょう。

私はコンサルティング会社にいる限りは、仕事の中でそれらの情報にさらされているから、幸いなことに勉強せざるを得ません。しかしもしそうでなかったら、テクノロジーの最新情報なんて遠い世界の出来事のように感じていて、ある日突然、自分の仕事がなくなるみたいなことになるのかもしれない。でも仕事によってはテクノロジーから遠い場合もあるから、少なくとも自分がやらなくても、テクノロジーでどんなことができるようになっているかということくらいは、常にアップデートする必要があります。

つまり歴史とテクノロジーの両方について学び続けることが、「正しい」ことが直観でわかる、意思決定におけるインテグリティには必要ということです。

ロジカルであることは必要条件だが十分条件ではない

意思決定の際にロジカルであることはもちろん必要条件です。必要条件ではありますが、しかし、十分条件ではありません。

ロジカルであることよりも、直観として「正しい」ということがまずわかることが大事です。説明は後付けでもいいのです。演繹的に進めていくだけで本当に結論にたどり着けるかというと、そうではありません。その意味で「直観」こそが非常に重要です。

ビジネスで成功された人や、さまざまな分野で業績を残した人の話を聞くと、「なぜかいてもたってもいられなくて行動してしまった」とか「矢も楯もたまらず、気づいたらそうしていた」というエピソードがよく出てきます。

カーニーの東京のオフィスでは、気付きのプログラムがあって、優れた経営者や将来の幹部候補に講演をしていただくことがありました。そういう方のお話を聞いていると、もちろん「ロジカルに考えた結果、そうした」というエピソードもありますが、「ロジカルに考えれば絶対に成功しないけれど、こうあるべきだと思ったからやった」というような話も多いのです。

いわゆるロジカルシンキングなどを通じた経営の技術的な側面ももちろん重要です。しかし、これが自分がやるべきことだという直観、また思うようにいかないときにどうやって突破するかというような、理論では立ちいかない側面もある。意思決定力をつけるためには、その両方を知ってほしいと思います。

自分の物差しがあれば直観でわかる

すでに述べたように、自分なりの正しい「物差し」を持つと、すでに自分の中に軸ができているので、あれこれ考えなくとも正しい判断が直観でできるようになります。それが正しいかどうかを証明するためには何らかの仕事をすることが必要ですが、経験から汎用できる法則をためていけば、わざわざ詳細な分析などしなくても、「おそらく結論はこうだ」という仮説を直観で立てられる。

自分のインテグリティが増していけば、正しい決定ができるようになります。経験を重ねることで汎用できる意思決定の型ができてくるし、「そもそもやはり自分が何をやりたくて、どういう社会をつくりたいのか」という理想が固まってくると、直観的に正しい、美しい、後悔をしない意思決定ができる。

私自身、20代、30代は葛藤がたくさんありました。自分が人より優れていることを証明したかったし、人に勝てないときは不愉快だったし、人に評価されなかったり、ノーと言われたときは傷ついたりしていました。しかし今は、インテグリティに照らして判断した結果であれば、残念に思うことはあっても後悔はありません。

しかし直観による意思決定をしつづけるためには、「それは違うんじゃないのか」と言ってくれる人もそばにいてくれないと、だんだん独善的になってきます。

キャリアを重ねると、それなりに役職についたりして、自分の意思決定が人に影響を及ぼすことが多くなる。そのとき自分にとっての美しさ、自分にとっての正しさだけで判断していては間違う可能性がないとは言えません。

そのとき「本当にそれでいいのか」「それは違うんじゃないのか」と言ってくれる人の存在は必ず残しておくべきでしょう。

損得で自分の直観を鈍らせてはいけない

正しいことが直観でわかるようになるには、歴史を知り、人間を知り、人間の文明の発展や、文化の形成に関して自分の見方を持つ必要があります。さらに文明と文化に影響を与える技術の発展に興味を持つことです。

そうすれば過去にほかの場所で起きたことから、今起こっていることや、これから起こることについて類推することができます。こういう話が好きな人といろいろな話をして、自分の視点やフレームワークを点検するのもいいでしょう。

そもそも、誰でも正しいことをしようと思っています。何が正しいことかがわからない、という人はあまりいない。しかし難しいのは、正しいことをしたら自分が損をするかもしれないときです。そんなときどうするのか。そんなときは直観で判断するのも意思決定の方法の一つです。

私も今までに直観で判断したことは数多くあります。

たとえば選挙である人を大っぴらに応援してしまうと、対立候補から睨まれるかもしれない。それでも自分が本当に「この人が選ばれたほうがよい」と思うならば、その人を応援すればよいと思います。

たとえば2人の専務が社長の座を巡って争っている、というようなことはクライアント企業でもあります。そんなときは両方にいい顔はできないので、どちらの専務の側につくか、旗幟鮮明にしなければなりません。

そういうとき、どちらを選ぶか。「勝ちそうなほうにつく」という考え方もあるでしょう。あけすけな話をすれば、

「どちらの専務が社長になりそうですかねえ」

とみんなで分析して、社長になる可能性が高いほうにつこうとすることもあります。

でもその人が社長になって本当に大丈夫なのか。その人は本当にリーダーにふさわしいのか。

私はそういうときに損得で自分の直観を鈍らせてはいけないと思います。仮に対立候補のほうが力を持っているように見えても、長い年月のあいだには、どこかでひっくり返るかもしれない。

自分のコンサルタントとしての人生を考えれば、「俺の言うとおりにやれ」と言うようなクライアントについていくのは、たとえある期間多額のフィーを稼げるとしてもよくない。長い期間で見たら、やはり正しい判断をしたほうがいいでしょう。

直観で日産より他社の仕事を優先した

ここからは、私が留学後に直観で意思決定した例をいくつかお話しします。

私は以前、コンサルティングで、日産の仕事より他の自動車会社の仕事を優先しようと、直観で判断したことがあります。

傾きかけた日産を立て直すためにカルロス・ゴーン氏がやってきた、2000年ごろのことでした。ゴーン氏は、最初はCOO（最高執行責任者）でしたが、のちに日産の社長兼CEO（最高経営責任者）になり、改革を進めます。彼は最初の5年はよい経営者だったと思います。私もはたから見ていて、「会社を変えるというのは、こういうことか」と思ったものです。2005年ごろからよくない噂を耳にするようになりましたが、いずれにせよ、最初の5年間はいくつかの改革を同時に進めました。

一つは「ゴーンショック」と呼ばれたような、徹底的なコストカット。自動車業界では系列と呼ばれるサプライヤーから部品を調達するのが慣習ですが、系列サプライヤーを保護することをやめ、一番安いところから調達した。

また組織のあり方も変えました。日本の会社ではあくまでも日本国内の事業が中心で、輸出をして、輸出先に工場を建てて、海外の事業体ができても、これを「海外事業部」という日本の会社から見た名称で呼んでいました。

そこが成長して、売り上げも利益も日本より大きくなっていても、日本の本社の一部に海外事業管理部門があり、その中にたとえば北米部がある、というような事業管理を続けていました。

しかしゴーン氏はそれを「世界本社の中に日本事業部がある」というように変えました。実はこれは私が以前所属していたコンサルティングファームが関与した仕事です（このことは当時社内表彰され、日産の承諾を得て公表されました）。

また日産は「技術の日産」と言われていたように、技術力はあったけれど、開発費が経営を圧迫していました。そこでゴーン氏は開発費に一定の基準を設けて、赤字にならないようなクルマづくりをするようにしました。

これらの改革には、多くのコンサルティング会社が関わっています。あのころゴーン氏は日産全体を改革するため、コンサルティング会社に大量の仕事を依頼したのです。

なぜなら日産の内部の人に現状を聞いても、自分に都合の悪いことは隠すかもしれない。それなら第三者であるコンサルティング会社を雇って分析をさせ、その結果に基づいて意思決定を行ったほうがいいからです。

コンサルティングの市場はまるで「日産バブル」のような状態になり、巨額のコンサルティング・フィーが発生しました。

当時、私が所属していたコンサルティング会社にはアメリカ人と日本人の2人のトップがいたけれど、アメリカ人から「日産の仕事をやればパートナーへの道が開ける。なぜならこんなに仕事があるし、海外のパートナーとも親しくなれるからだ」と言われました。でも私はそのころ他の自動車会社の仕事を始めたばかりで、こっちが面白そうだと思っていたし、「負け犬」の息を吹き返す仕事よりは、生きて未来を考えているその会社の仕事をしたかった。

「私は他の自動車会社のサポートをしていきたいので、日産の仕事はお断りします」

「お前、俺の言うことを聞かないのか……」

と言われたけれど、首を縦に振りませんでした。

日産が「カネの生る木」だとしたら、その自動車会社は「知恵の生る木」でした。

日産が数年のあいだに各コンサルティング会社に払った金額は、合計何十億円にものぼったでしょう。

一方、私が選んだ会社は質実剛健で知られる会社ですから、余計なフィーは払わない。しかしその会社が「こういうことを解きたい」と言って出してくる課題は、最先端の課題だったので、私にとっては非常に面白かった。この課題を解決すれば、コンサルティング会社の社内に知恵が残る。それをほかの産業で応用することもできる。つまり「知恵の生る木」です。

日産の仕事は数年のあいだコンサルタント業界を潤したので、日産の仕事をしてパートナーになった人は大勢います。

しかしゴーン氏がコンサルティング会社に大量の仕事を発注していた数年間はやがて終わりを告げます。ゴーン氏も組織を掌握したら、いつまでもコンサルティング会社を使い続けることはしない。そうすると日産マーケットはシュリンクするから、日産で食べていた人たちの多くはその後、コンサルタントを辞めてほかの業界に移っています。実力ではなく、ブームに乗って仕事をしていたからでしょう。

コマツの四家さんは「何かを変える人」

直観で意思決定をしたといえば、コマツの四家千佳史さん（現スマートコンストラクション推進本部長）と仕事をしようと決めたときもそうでした。彼はもともとコマツの社員ではなく、コマツのブルドーザーとか油圧ショベルを売っている販売会社の息子さんでした。

コンサルティング会社からすれば、コマツは視界に入っても、四家さんの会社は普通は視界に入りません。でもコマツが「四家さんという面白い人がいるよ」と紹介してくれて、自分の会社をつくったばかりの四家さんと会ったのです。

彼に初めて会ったのは20年ほど前で、「この人は何かを変える人だ」と思いました。直観です。彼は私より10歳くらい若く、当時はまだ30歳くらい。まだ何も達成していないときでしたが、この人に賭けることにしました。

ちょうど、建機販売の会社を継がずに自分で新しく建機レンタルの会社をつくった。これからは機械を売るのではなく、稼働を提供することが正しいと考えたのです。

そのころコマツはコムトラックスというサービスを開発していました。

コムトラックスというのは建機にセンサーと通信機がついていて、建機が今稼働中なのか、地球上のどこにあるのか、離れた場所にいてもGPSでわかるというものです。

コムトラックスが注目を浴びたのは、油圧ショベルが盗まれたあと、売り飛ばされて香港にあることがわかったときだそうです。コムトラックスは盗難に遭った建機に遠隔地からロックをかけることもできる。稼働できなくなれば盗んでも無駄ですから、盗難対策にもなる。

この仕組みをさらに発展させたらレンタル事業の効率化や高度化もできる。この仕事を四家さんが始めていたので、コマツから紹介されて、仕事を手伝うことになりました。

彼はチャレンジを許す人です。こちらが四家さんにとっては耳に痛いことを言っても、「もっとしびれるようなこと言ってよ」というような人。

この人は面白いな、この人は何か変えるだろうなと思ったので、「この人の仕事には力を入れてやる」と直観で決めました。

何年かするとコマツは四家さんの大きくしたレンタル会社を買収し、コマツのレンタル部門と合併させてそこを四家さんに任せることにしました。今は四家さんがリーダーとなって、建機のＩｏＴ化による工期管理や効率化などを目的とした「スマートコンストラクション」という事業をつくっていくところです。

コマツの当時の社長だった野路國夫さんは、２００８年に四家さんの会社を買ったとき、「四家さんの会社を買ったんじゃない。四家さんに投資したんだ」と言ったらしい。

２０１５年にレンタル子会社の社長からコマツ本体の執行役員へと抜擢され、現在は建機を超えて工事現場の効率化を推進するスマートコンストラクション事業を推進する立場に就かれています。四家さんにはそれだけ期待が寄せられているのでしょう。私の直観に間違いはなかったということです。

自分の身の振り方も直観で決める

私は自分の身の振り方についても、ほとんどの場合、直観で決めてきました。会社を替わるような大きな意思決定であっても、何日も悩むことはありません。たいていの場合、一晩考えれば結論が出ます。２０２1年のはじめにラッセル・レイノルズに転職するという意思決定をしたときもそうでした。

カーニー日本法人の代表を交代すると、ほかのコンサルティング会社からの誘いはありました。しかし自分をここまで育ててくれたカーニーと敵対する競合に入るくらいなら、そのままカーニーにいるほうがいいに決まっています。私はカーニーでの仕事人生に非常に満足していたので、コンペティターには行かないと決めていました。ほかにも事業会社やプライベートエクイティファンドや、社外取締役の誘いもありましたが、本気で考えませんでした。60歳を境に別の山に登ろうと決めていたからです。

そう決める前、57、58歳のころは、アメリカに再び留学しようかと思っていました。アメリカのある大学では、コンサルタントや弁護士、会計士などプロフェッショナルと言われる職業に就いてきた人たちのセカンドキャリアを1年かけて考えるコースがあると聞き、それに応募しようかという気持ちがあったのです。

しかしブーズの卒業生であり、当時ラッセル・レイノルズ日本法人にいた安田結子さんに声をかけられて、この仕事は面白そうだなと気持ちが動きました。あれこれ天秤にかけても仕方がない。どういう会社かもあまりよく知らないまま、ほとんど一晩で転職することを決めました。これも直観です。

直観と言っても、無意識に自分の中でなんらかのシミュレーションをしているのかもしれません。

インテグリティのある人には共通点がある

ラッセル・レイノルズに転職すると言ったときの周囲の反応は、「驚いた。でも岸田さんはいろいろな人を知っているから、ぴったりだね」というものがほとんどでした。

私には、ある種の人を見る目があると思います。どんなふうに人物を評価するかといえば、これも直観です。私が「この人は素晴らしい、インテグリティがある」と思う人の例を挙げてみましょう。

自分以外の人の意見が聞きたいとき、「あの人なら、こんなときどうするだろう」と思い出すのが、ブーズの日本代表だった西浦裕二さんです。
「西浦さんだったら、この難局をどう判断するか」
と西浦さんになったつもりで考えるようにしているほど、西浦さんの判断を信頼していま
ます。

常に首肯できるのが渋澤健さんです。渋澤さんは月に1回、「シブサワレター」というものを送ってくれる。「今回の号を読んで、私はこう考えました」と感想を送ると、必ず通り一遍ではない、心のこもった返事を返してくれます。おそらく大勢の人に「シブサワレター」を送っていて、私のほかにもたくさんの人が感想を寄せているけれど、単なる「ありがとうございます」ではない返事なのです。

渋澤さんは高祖父に渋沢栄一を持ち、『論語と算盤』をはじめとする考えを広める活動もしています。「家柄」「血筋」「育ち」のよさをひけらかすところがまったくない。自分を大きく見せる必要がないので、じつに自然体で、嫌味がない。

話しているとエネルギーをもらえるのが、先日マザーズに上場を果たした転職サイトの「ビズリーチ」を創業した南壮一郎さんです。彼は私よりひと回り以上若く、まだ40代半ばで、非常に面白い人です。やはり、「こういうことをしたら世の中が変わる」というところから発想が始まる。

ほかにも素晴らしい人は大勢いますが、皆さん、「こういう社会、こういう会社がよい」という自分の理想を持っていて、そこに近づけるために常に勉強を怠らないという共通点を持っています。

付き合っていい人、悪い人

よい人が直観的にわかる一方で、近づいてはいけない人、敬遠するほうがよい人を嗅ぎ分ける嗅覚もあるつもりです。よい人は、基本的に自分の損得はさておき、実現したい理想がはっきりとある。その結果として儲かる。「こういうことをしたら面白いんじゃないか」「世の中が変わるんじゃないか」「困っている人が助かるんじゃないか」という明快な問題意識があって、それを解決する手法として、「こういう技術を使ったら、今までできなかったことができるんじゃないか」ということをいつも考えている人が、付き合うべき人です。

もちろん、やってみてそのとおりになるとは限らない。でもこういう人は、粘り強く努力することができる。なぜそれができるかといえば、自分のやっていることが正しいと信じているからです。正しさに揺るぎない自信があるから、儲かるところまで改良し続けていける。それはリクシルの瀬戸さんにもコマツの四家さんにも共通しています。

この「いい人の特徴」を裏返すと、よくない人の特徴になります。

たとえば、これまでに知り合ったコンサルタントの中に、「この会社はうちにとって儲かるか」「この人にくっついていけば、便宜を図ってもらえそうだ」というように、目先の儲けですべてを判断する人がいました。

その人のクライアントは、私に言わせると「小トランプ」のような、人間としてろくでもない人ばかり。

それでもそのコンサルタントは、そういう人との「人脈」を盛んにアピールしていました。

「あの人を知っている」

「あの人に呼ばれてどこそこに行った」

「あの人にはよくしてもらっている」

超大物を自分の親友だと言ったり、「僕はあの会社の奥の院に呼ばれた」と自慢したり。

自分を大きく見せる話が多いけれど、彼の言っていることは話半分だと私は思っています。彼と何年か付き合っているうちに、「この人、たぶん自分がウソを言っているという自覚がないな」という気がしてきました。小さいウソをずっとついていると、それが普通になってしまうのでしょう。

とはいえチャーミングなところ、人たらしなところもある。お金がどこにあるかを嗅ぎ当てる嗅覚があるから、商売人ではあります。でも私からするとインテグリティのない人だと思います。なぜなら相手が替わると、言うことが変わるからです。おそらく彼はクライアントの希望であれば、どんなことでも言うことを聞くでしょう。

カーニーの取締役会メンバーに立候補

カーニーのグローバルの取締役会メンバーに立候補したときも、直観で意思決定しました。

そもそもカーニーではクライアントワークに徹するつもりで、日本代表になるつもりはありませんでした。

しかし結局、日本代表を務めることになり、それから数年たったあるとき、「今度、グローバルの取締役会メンバーを選ぶ選挙があるから、出るべきだ」と言われました。そして、やってみようと即決。勝てるかどうかは考えませんでした。ファームの方向に影響力を発揮してみたい。それだけです。

パートナーシップであるカーニーの取締役会メンバーは事業会社のように舞台裏で選ばれるのではなく、がちんこの選挙で選出されます。そんなに簡単には選ばれません。取締役会メンバーは毎年3分の1ずつ改選されることになっていますが、立候補するには推薦人が10人ほど必要です。私の場合は締め切りの2日くらい前に立候補を勧められたので、推薦人を急いで集める必要がありました。そこで候補者として認められてからも、予備選で一定数以上の票を集めるなど、さまざまな条件をクリアしなければなりません。そこで一回絞り込まれると次のラウンドに行って、「あなたの取締役としての公約を書いてください」と言われるので、それを書いてイントラネットで公開する。するとそれに対して、海外のいろいろなところから質問が来ます。24時間誰かが見ていて、チャットのような形で「これはどういうことですか」というような質問が来るのでそれに答える。その回答に対して、また違う人から質問が来るのでなかなか眠れません。

取締役会メンバーが特定の地域・国に偏らないよう、北米、欧州、アジア・パシフィック、中東アフリカと地域を分けて、どの地域からもメンバー全体の過半数は出せないようになっています。たとえば取締役会メンバーが9人だったとしましょう。この場合、一つの地域からは5人以上は取締役会メンバーを出せません。非改選議席にアメリカの人が3人いたら、絶対にあと1人しか選出できないということです。

私が立候補したときは取締役会メンバーは12人か11人で、改選議席は確か4人。結果的にそのときはアメリカから1人、ドイツから1人、アラブ首長国連邦から1人、日本から私という4人が選ばれました。

地震・原発・リスクマネジメント

意思決定と言えば思い出すのが、2011年の東日本大震災のときのことです。私自身はこのときの経験によって、強烈に変わったと思っています。

私は当時ブーズの日本の責任者を、もう1人のベルギー人と共同で務めていました。ブーズのグローバル・マネジメントの動きは非常にスピーディーで、地震の起きた日の夕方にはブーズのグローバルのトップを議長とするリスクマネジメント委員会が立ち上がり、電話会議が開かれたのです。世界に散らばるリスクマネジメント委員会のメンバーは、日本で起きていることを正確に把握していました。

「専門家を交えて検討した結果、原発は早晩メルトダウンに陥るであろうという見通しになった。そうなったら東京はパニックになり、従業員とその家族の安全を保証しがたい局面も予想される。明日にでも交通手段を確保して（たとえばバスをチャーターして）、全従業員とその家族を東京から脱出させろ」

私はこれを聞いて、性急すぎるのではないかと驚き、こう答えました。

「そうなるかもしれないが、まだ詳しいことがわからない。もう少し情報が出揃うのを待ってほしい」

「君にはリスクマネジメントというものがわかっていない。今、動けば、従業員とその家族の安全は相当に高まる。しかし動くのが遅れたら、大変な混乱に巻き込まれる可能性がある。幸いメルトダウンに陥らなければ、戻ればよいだけだ」

今この場で結論を確定することが重要なのだという言葉には、説得力がありました。

翌日以降、東京のパートナーたちと激論です。

「家族の中には、そんなに簡単に動けない人もいる」

「自分たちだけ東京を脱出するなんて、日本人として恥ずかしくないか」

結局、従業員とその家族のうち、希望者は会社の費用で東京より西に避難するという結論になりました。

それと同時に、東京に残るなら1週間分の水と食料を確保すべしということになりましたが、その議論の過程でさらに、

「買い占めに加担するのか」

とまた議論。

このとき私が学んだことは、やはり自分も含めて日本人はリスクマネジメントというものが、わかっていないということでした。

われわれは情報がすっかり出揃ってから考えようとします。でもそのときにはもう遅いかもしれない。「今、損切りすればこれ以上の損失はない」と考えて決断することができない。

普段は代替案の利点と欠点を並べて、論理に徹して物事を判断しているような人たちなのに、非常に情緒的なことを判断基準に持ち込む。何を最も優先すべきかを明確にしないまま厳しい判断を避ける、先送りにする傾向があるということです。

これが日本社会、日本企業が変われない理由の一つなのだと思います。

リクシルCEO復帰を後押しした「正しい意思決定」

第2章でインテグリティのある経営者の例として紹介したリクシルの瀬戸欣哉さんは、実を言うとリクシルからの誘いを一度は断っています。モノタロウの事業があったからです。それでもリクシルの側はあきらめず、再び誘ってきた。

私は瀬戸さんから相談を受けて、「絶対にやめたほうがいい」と言いました。

「リクシルは経営陣に創業家が残っている。そこでよそから連れてきた社長が成功したら疎まれる。何かうまくいかないことがあれば、君のせいにされる。いずれにしても、ろくなことはないからやめておけ」

すると瀬戸さんは、次のように答えました。「それはそうかもしれないけれど、リクシルは1兆数千億円の売り上げの会社だ。モノタロウはまだ250億円ぐらい。このまま行けば何年かで1000億にはなるだろうけれど、簡単には1兆円にはならない。1兆円超の会社を自分で経営してみるというチャンスは簡単には来ないから、リスクがあってもやる」「モノタロウのほうは、信頼できる後継者として鈴木（雅哉社長）がいるし」「決めているなら僕に相談するなよ」と思ったけれど、瀬戸さんはそういう人です。難しい決断でも自分でできるから、本当に大事な決断を人にゆだねたりはしない。ただ、私は瀬戸さんが最初にリクシルに誘われたときも反対したから、おそらく今度も私が反対すると予想して、私の意見を聞いたのでしょう。

それも含めて「自分は納得した」という確認の会話だったような気がします。

そして瀬戸さんがリクシルのCEOになって、数年後にCEOを解任されるという事件が起きました。メディアでも盛んに報道されましたが、そこで書かれていたことのかなりの部分は事実です。

瀬戸さんは創業家と決定的な経営の意見の相違があって解任されたのですが、創業家からは「指名委員会が君はＣＥＯとして適任ではないと判断した」と説明されていたため、それを信じていました。記者会見で、

「指名委員会が不満だと言うのであれば、辞めるしかない」

と発言していたことからもわかるように、納得していた。ところが、指名委員会が瀬戸さんを解任させたがっているというのはウソだったと判明します。

創業家は、瀬戸さんには「指名委員会が君はＣＥＯに適当ではないと言っている」と言い、ほかの人たちには「瀬戸さんがＣＥＯを辞めると言ってきたので、それを認めました」と二枚舌を使っていた。

そのことがわかったとき、彼は私に、「これからＣＥＯに戻る戦いをするつもりだが、どう思うか」と聞いてきました。

私は、「やるべきだと思う。理（ことわり）は君にある」と答えました。このままだと会社はもっと悪くなるし、残してきた社員にも悪い影響がある。つまり、義もある。

「起てばいいじゃないか。たとえ負けても」

と私が言ったら、

「負けないから、俺は」

と答えたのが、いかにも瀬戸さんらしかった。

彼の心の中ではさまざまな葛藤があったと思います。しかし他人の前ではそんな葛藤があることを彼は絶対に見せませんでした。

結局、彼は多くの人の応援を得て、CEOに復帰します。瀬戸さんを慕う母校の後輩や仕事で知り合った人たちも奔走しました。

応援をお願いした人の中には、「瀬戸さんが正しいと思うけれど、火中の栗を拾うことになるから協力できない」と言った有名な経営者も大勢います。

何人かの人は一度は承諾したけれど「家に帰って家人に相談したら反対された」とか、「現社長からやめてくれと言われた」などの口実で断ってきた。

しかし中には「瀬戸さんの言うことは正しい。だから味方をすることにした」という人もいました。そういう人の頭の中には、負けたらどうしようというような計算はなかったと思います。先述の西浦さんもその一人です。「やらなければいけないことだから、やりましょう」というシンプルな意思決定ができたのは、インテグリティがあったからでしょう。

リクシルの社内でも、役員以外に幹部社員という人たちの15人中、11人が血判状を出して、「瀬戸さんを戻してくれ」と言った。瀬戸さんは自分の利益のために働いているわけではなく、会社を変えて、社会を変えようというインテグリティがあった。そういう真摯さとか、誠実さが信頼されていたということでしょう。

結局、２０１９年６月の株主総会で瀬戸さんたちの株主提案が会社提案に勝利し、瀬戸さんがＣＥＯに復帰したのですが、この事件は相当大きな反響を呼びました。

日本の株式会社の経営者の選定は、特殊だと言われています。リクシルは、委員会等設置会社で指名委員会を設けていたにもかかわらず、また創業家の持つ株は少ししかないのに、創業家であるという影響力だけで会社を私物化してきた。それを株主総会というオープンなリングで闘って勝った。２０１９年の日本の資本主義十大イベントの一つに入ると思います。そういう瞬間に関われたこと自体が、私としては幸せでした。

出口治明 『「全世界史」講義 Ⅰ、Ⅱ』ほか

私は子どものころから世界史が大好きで、当時世界で起きていたことの背景を知るのに新聞の解説で物足りないと、教科書を手に取って理解しようとしていました。大学受験の直前に理系から文系に出願を変えても何とかなるだろうと思ったのは、山川出版社の世界史の教科書が写真をめくるように頭の中に入っていたからです。

働くようになってからも山川の教科書は手元に置いておいたし、『もう一度読む山川世界史』も通読しました。しかし、出口治明さんの『「全世界史」講義 Ⅰ、Ⅱ』（新潮社）はそれらよりも面白い。語りかけてくるような文体で読みやすいこともありますが、教科書と違って出口さんの意見が反映されているので、出口さんの意見と自分の意見を対話させながら読むことができるからではないかと思います。

まえがきにある「昔の歴史には興味がない、現代史こそが大切だという人もいます。しか

し、僕はこう考えます。人間が赤ちゃんから大人になるのと同じで、時代も急に現代になったわけではない。積み重ねられた歴史を学んで初めて、僕たちは立派な時代をつくれるのではないか。」にまったく同感です。

日本の中でだけ暮らしているとユダヤ教、キリスト教、イスラム教の国や人々の間の複雑な感情を理解する必要性を感じることは少ない。しかし、グローバルな環境で仕事をするとなると、一神教革命によって多神教の神々が滅ぼされた世界がその後の世界を動かす勢力になっていったことを知っていないと、人間の根っこの部分で太刀打ちできないと思います。

出口さんの著書はたくさんありますが、『「全世界史」講義 Ⅰ、Ⅱ』を読んだら、『「都市」の世界史』(PHP研究所)を読むとよいと思います。世界の各地が相互に影響を与えながら発展したことを時間軸に沿って理解した後に、現在でも息をしている都市の歴史に反映された文明の歩みを考察することで、歴史の理解がより立体的になります。

近刊の『教養としての「地政学」入門』(日経BP)は今まさに読むべき本だと思います。日本が現実を直視して進路を決めなければならない日が再び近づいてきていると思いますが、残念ながら相変わらず独りよがりで視野が狭いか、wishful thinkingか、その両方かといった政治家が多い。経済、経営に関わる私たちができることはリアリズムに基づく議論をきちんとできるように、歴史を踏まえて考えることだと思います。

第４章

クライアントの信頼を得るインテグリティ

共感し、共感される

あるべき姿は「トラステッド・アドバイザー」

インテグリティのある人間の条件の一つに、「信頼」があります。この章では、人から信頼されるとはいったいどういうことなのか考えてみましょう。

すでに述べたように、私は「産業を変えていく」というほどの気概を持つ人をクライアントとして選ぶべきだと考えています。では逆に、クライアントからはどんな人だと思われるべきなのか。これはコンサルタントという職業に限定した目標になってしまうかもしれませんが、クライアントから見たコンサルタントは、「トラステッド・アドバイザー（Trusted Advisor）＝信頼される相談役」であるべきです。

そして私はカーニーの日本代表に就いたときにカーニーの東京オフィスの目標を、「トラステッド・アドバイザーが日本で一番多いファームになること」だと決めました。

カーニーのほかにもコンサルタントの人数が多いファームはあるし、サービスラインの数が多いファームも、われわれよりも売り上げが大きいファームもあるでしょう。しかしわれわれが目指すのは、トラステッド・アドバイザーの集団としての「The Most Admired Firm（最も憧れられるファーム）」です。

企業の社長や役員から、「こういう問題がある」とか、または明確な相談がなくても、「こんな不安がある」という相談の電話がかかってきたり、「会って話がしたい」と言ってもらえたり、とにかく困ったときに思い出してもらえる。それが信頼される相談役だと思います。

コンサルタントは社内での地位が「マネジャー」→「プリンシパル」→「パートナー（共同経営者）」というように、徐々に上がっていきますが、パートナーにならないとクライアントとの深い関係がつくれないということはありません。一人前のコンサルタントであれば、クライアントとの強固な関係はつくれるものです。

一つひとつのプロジェクトを直接マネージするのはマネジャーですから、一つの仕事が終わったあと、同じクライアントからの次の仕事の相談は、本来はプロジェクトを手がけたマネジャーのところに来てほしい。そして自分とクライアントがともにステップアップしていく関係が理想です。

最初はマネジャーのカウンターパート（対等の相手）は、事業部長くらいかもしれません。しかし信頼関係を5年、10年と積み上げるにつれて、その人が社長になるかもしれない。そのときマネジャーもパートナーになっていれば、一緒に会社と産業を動かすこともできるでしょう。

「一緒にやりましょう」と言える共感力

クライアントというのは私たちにとっての財産です。それはおそらくほかの職業でもそうでしょう。「一人ひとりにとって何が一番重要な財産ですか」と言えば、それはクライアントでしょう。クライアントという呼び名ではなく、顧客と言ったりするかもしれない。

そういう人は財産ですが、でもそういう相手にでも、甘いことばかり言っているわけにはいきません。私たちと同じことをクライアントだけでやれるのであれば、私たちは必要ないわけですから、厳しいことを言わないといけないこともあるはずです。

目指すものが成長であるにせよコスト削減であるにせよ、今までとは非連続なことをやるから効果が出るわけでしょう。非連続なことをやるときは、尻込みする人もいるし、今までやってきたことを否定されることに不快感を示す人もいる。

だからその場では納得してもらえなかったとしても、「もう一回話を聞きたい」と言われたり、私たちからは見えない社内の事情などがあったりして、提言の半分ぐらいしかやっていないときもあるかもしれない。

しかしそれでも「もう一回話を聞きたい」と思ってもらえるような関係をつくることが

重要です。

コンサルタントと言うと、頭脳明晰であることが第一条件だと思われがちです。もちろんある程度、頭の回転が速いことは最低条件でしょう。それから、いわゆる「因数分解」をする力は求められます。解決すべき問題は最初から解ける形にはなっていないので、複雑な事象を分けて解いていき、それをさらにもう一度別の形に戻すことができる能力は必要です。

しかし私が本当に重要だと思うのは、「正しいことはこれですよ」と示す力ではなく、「どうしたら正しいことがやれるか」を示して、「一緒にやりましょう」と言える力です。「どうしたらやれるか」という方策は、往々にして、大きな変革を含む場合が多い。すでに答えはわかっているということもある。しかしクライアント企業にとって、今までやってきたことを変えるのは大変なことです。その大変なことを乗り越えて改革に着手してもらうには、コンサルタントに「共感を呼ぶ力」がなければなりません。

「これが答えです。このとおりにしてください」

と言うだけでは、クライアント企業は動かないのです。クライアントに「変えてみませんか」と言うのは簡単ですが、彼らが何十年もやってきたことを、いきなりやって来たコンサルタントに否定されるのは愉快ではないでしょう。そのとき「諸外国ではこうですから」「他の産業ではこうですから」と理詰めで説明しても、到底受け入れられるものではない。

つまり、クライアントが「今までやってきたことを変えなさい」とコンサルタントに言われたときの気持ちはどんなものなのか。まずはそれを「我がこと」として理解しなければなりません。

それができれば、「やっぱり簡単じゃないですよね。大変ですよね」と共感し、「もしよければ、とくにどのあたりに抵抗を感じるのか教えてください」と言って、一緒にその感覚を共有しながら、それを一緒に乗り越えていかなければなりません。この「共感力」は非常に大事だと思います。

たとえば二十数年間その仕事をしてきて、執行役員に上がった人がいるとする。そんなとき、コンサルタントに未経験のことをしなさいと言われた。でも、うまくできないかもしれない。違うやり方をするのは、自分の過去を否定することになる……。

そこにはやはり何かを失うかもしれないという恐れがあります。恐れは本能的な警報なので、理性だけでは克服しきれない。

しかし、コンサルタントが「信頼できる相談役」であればどうでしょう。「あの人の言うことなら、信じてみようか」という気になるのではないか。

「最初のうちは嫌だったけれど、あの人たちと一緒にやっていたら、なんとなくうまくいきそうな気がしてきた」と思ってもらえるコンサルタントになること。それができるのが、信頼される相談役＝トラステッド・アドバイザーです。

解のない連立不等式を解く

クライアントに、「どうしたら正しいことができるのか」を示すのは、そのままでは答えのない連立不等式を解くことと似ています。

どういうことかというと、つまり学校の数学であれば、連立不等式には解があります。そして解のある連立不等式は、途中で計算さえ間違えなければどんなに難しくても解ける。しかし現実のビジネスにおいては、連立不等式を満たす解の領域がないことも多々ある。このようなことはコンサルティングの仕事だけではなく、世の中にはたくさんあると思います。

たとえば、ある顧客の要望を満たさなければいけない。しかし自社のある部門はその要望を満たすために必要な方法に反対している。こんなとき、「解がないから解けません」と言うだけでは、コンピュータと同じです。人間がやるべきは、解のない連立不等式を解くことです。

解のない連立不等式を解くなんて、できないと思うかもしれません。しかし、いくつかの不等式のどこかの部分を変えれば、解を求められるようになる。

つまり、「ある部門が反対している」のであれば、その部門の反対の理由は何かを突き止めて、「どうやったら納得してもらえますか」という話をする。

クライアントを動かすことで、解がないように見えた連立不等式も解けるようになるのです。

私たちはつい、「与えられた条件ではこれだけしかできません」と思ってしまいがちです。それは確かにそうなのですが、現実の世界の問題は、所与の条件を変えることができるのです。

たとえば、「この事業はうちの会社の祖業だから、不採算であってもやめるわけにいかない」と会長が大昔に言ったひと言を、長い間みんな守っていたけれど、実は会長は今ではそれほどこだわっていない、ということもあるかもしれない。

誰かを動かして、この連立不等式の条件のどこかを変える。それは意志があって、熱意のある人間にしかできないことです。

所与の条件には、いろいろなものがあります。「20年もこのやり方でやってきたのだから、このやり方が一番いい」と信じている人を説得しなければいけないかもしれない。新しい技術が出てきているのに、それについていけない場合もあるかもしれません。世の中が変わっているのに気づいていない場合もある。それをどのように変えていくのか考えるのが、私たちの仕事の一部でもある。

確かに簡単ではないけれど、もしできれば大きな成果につながるという場合、クライアントに「同じ目標に向かってがんばろう、一緒にその夢に挑んでみよう」と思われる人になるには、やはり相手と自分が厚い信頼で結びついていなければいけないでしょう。

正しいことを実行する突破者になる

先ほど述べたように、人間は変化を本能的に恐れます。改革の難しさは、その点にあると言ってもいいでしょう。

とくに大企業においては、改革がすんなりとうまくいくことは非常に少ない。

どこの会社にも社長はいます。でも社長が改革者であり続けることは難しい。

そもそも社長というのは、多くの場合、既存の環境に最大限に適応し、そこで成功をおさめたからこそ社長になっているわけです。

しかし社長になると、事業部門長のときとは違う世界が見えてくる。これからの世の中の変化についていけずに、舵取りを間違えると大変なことになるということはわかる。だから改革しなければいけないと思う。でも改革をした経験がない。そういうとき私たちのようなコンサルタントに声がかかります。

私たちが「こう変えなければいけません」と提言しますが、でもそれはなかなか組織的には受け入れられません。

そんなときに必要なのが、突破者です。第2章でも述べましたが、会社を変えるというより産業全体を変えるつもりで改革に取り組む人を、私は突破者と呼んでいます。

たとえ組織が改革を拒んでいても、どこかに突破者がいるときは改革を成功させられる確率が高い。

突破したあと、突破者が社長になれるとは限りません。しかし本人は自分の会社とか、自分の事業とか、今のお客さんとの関係に拘泥せずに、「これから世の中はこうなるだろう」「それなら産業はこう変わるべきだ」「その結果、お客さんも自社も、もっとよくなる」「だから私はこうするべきだ」というようにシンプルに考えることができている。

そういう突破者がいなくて社長だけが改革しようと頑張っているときは、なかなかしんどい。しかし突破者を見つけることができれば、私たちの仕事は半ば成功したも同然です。

突破者は普通、会社の中ではくすぶっているか、社外にいます。それも当たり前の話で、順調に出世している人で、突破なんかしようとする人は少ない。黙っていたら役員になれるのですから。

改革をしたい社長がいて、こういう突破者が見つかるとすごく面白い。経営コンサルタントの仕事の醍醐味はここにあると言ってもいいくらいです。

クライアントとはプロヴォカティブに対峙する

コンサルタントは、プロヴォカティブに物事を考え、クライアントと対峙することが求められます。プロヴォカティブとは、辞書的には「挑発的な、刺激的な」という意味になりますが、英語圏ではビジネスの改革、変革に欠かせないキーワードとなっています。プロヴォカティブに考えることができるか。言い換えれば、空気を読まず、他人とは違うことを面白がり、楽しむことができるか。

クライアントが気づいていない視点で物事を捉え、ブレークスルーとなる解決策を提示できるか。相手の立場や都合を忖度しすぎることなく、プロヴォカティブな提案や助言ができるか。それができてこそ、相手と本当に信頼し合い、共感できる関係になれるのだと思います。

あるとき、クライアントから次のように言われました。

「われわれに対して率直な意見を述べてください。今まで事業はうまくいってきました。しかしそのことがわれわれに仲間内思考、成功バイアスをもたらしているのではないかと危惧しています。プロジェクトの依頼に対しても、その依頼内容を鵜呑みにして、これがソリューションですよという応え方にしないでください。本当にその依頼は正しい依頼なのか、依頼したわれわれが皆さんに提案で求める仮説は正しいのか吟味してください。違う考え方を持っている場合は、そこを議論しましょうと言ってくれるのが価値があります。異論であっても率直に議論を交わせる関係になるために、お互いのことをもっと理解していきましょう」

おそらく、このクライアントが普段接しているコンサルタントは、「問い合わせありがとうございます。すぐに答えを持っていきます」という応答なのでしょう。顧客に迎合していたのかもしれません。

しかし、このクライアントは、自分たちにない視点の提供を求めている、面白がっている、楽しんでいる。コンサルタントの心に火をつける素晴らしいクライアントでした。

過去にも「他流試合だ、岸田君」とか、「これから異種格闘技戦を3カ月どっぷりやろう」

と言ってくれたクライアントもいました。大体の場合、こんなことを言ってくれるクライアントは、個人としても社内のリーダーシップの階段を着実に上っていきます。

一方、「俺の言うとおりのことをやればいいんだよ」と言う発注者もいました。コンサルタントをパートナーとしては見ていません。「出入り業者なんだから、こちらの言うことを聞いていればいいんだよ」という態度です。反論すると、

「かわいくないね。同業他社はなんでも言うとおりにやってくれるのに」

と言われたので、「どうぞ、手足だけの仕事ならそちらにお願いしてください」と契約期間を残して、こちらからプロジェクトをお断りしたことがあります。この発注者は、たいしたところまで上ることはできませんでした。

コンサルティング会社の中にはクライアントの言うなりになり、「痒いところに手が届くからあそこはかわいい」と言われるようなところも数社あります。クライアントにとっては、面倒くさいことは全部やってくれるし、意に沿わないことはやらない。そうしていれば、そのコンサルティング会社には毎年フィーが入ってくるわけです。

でもそういうことをしていると、コンサルティング会社のほうは成長するけれど、企業のほうはだんだん弱くなってしまいます。

だからプロヴォカティブなことを言い合える関係であるクライアントとコンサルタントの関係でありたいと私は思っています。

しかしプロヴォカティブに意見を述べたら、クライアント経営者が真っ赤になって怒ったこともあります。若いコンサルタントが本質をついた組織の欠点をそのまま述べたところ、

「岸田さん、君のところはこんな失礼なコンサルタントを育てているのか？」

と激怒してしまったのです。私は、

「伝え方は配慮が足りませんでした。しかし、中身は私もそのとおりだと思います」と言って、発言を撤回することはしませんでした。

しばらく時間が経つうちに、先方も冷静さを取り戻されて、指摘したポイントを一つひとつ確認していくことができるようになり、帰り際には、「先ほどは非礼だった」と謝られました。「いいえ、失礼なことを平気で言うのがわれわれの仕事なので」と答えましたが、これは真実です。

「忌憚のない意見」を受け入れられるか

「忌憚のない意見を言ってくれ」と言っておきながら、本当に正直なことを言うと怒る人は多く、私自身もクライアントへの初回の進捗報告で、

「会社の至るところからお金も人も出血しているので、まず止血すべき。未来を語って誤魔化すときではない」

と会社の現状の見立てを述べたら、「出ていけ、二度と来るな」と言われたことがあります。しかしこのときは、もう一人のパートナーが頑張ってくれたおかげで、ひと月後に私の会議への復帰がかないました。

このときコンサルティング・ファームに入社して初めてクライアントとのミーティングに出ていた人が、今ではパートナーになっていますが、彼は最初のクライアント経験がそれだったので、

「コンサルタントとクライアントの打ち合わせというのは、これくらい本気でぶつかるものだ」

と思ってしまった。そののちもクライアントの機嫌を損ねることを気にしないコンサル

タントに育ちました。

「岸田さんを見ていたら、それくらいやらないといけないんだと教わりました」

と言っていました。

もちろん怒らせることが目的ではないけれど、それくらいしないと変わらないのも事実です。「もう来なくていい、と言われたところで大したことはないよ。日本に会社はいっぱいあるんだから」と言っています。

この会社は、プライベイト・エクイティがグリップを利かせて、経営者を交代させてから、みるみるうちに業績が回復しました。

こんなふうにコンサルタントのような外部の人間ですら、忌憚のない意見を言ったら烈火のごとく怒られるのですから、内部の人間が言ったら左遷されてしまう。

「モノ言えば唇寒し」で、黙っておこうとなってしまうのも無理はないかもしれません。

先日もある人からこんな話を聞きました。

最近、新しく上に来た副社長が、「ここに自分の考えが書いてあるから、読んで忌憚のない意見を聞かせてくれ」と言った。それで本当に忌憚のない意見を言ったら、副社長はかんかんに怒ったという。「忌憚のない意見を聞かせてくれ」と言いながら、自分にとって心地よい回答が返ってくることを期待していたのでしょう。

私もその会社のことを長く知っていますが、最近、役員の選び方がまずい。6年間我慢して、ようやく会長がやめたと思ったら、結局、今の社長も前の社長と似たような、自分の取り巻きで固めた人事になっていた。前の会長の息がかかった役員は全部はずすことができて、会長も取締役ではなくなり、6年間かけて解放されたと思ったら、今度は自分の好きな役員ばかりで固めてしまった。前のほうがまだバランスがよかった。

ドメスティック・バイオレンスを受けて育った子どもは、大人になると自分も家族に暴力をふるってしまうことがあるといいます。人間は自分がされてきたことを繰り返してしまうのか、自分が最高権力者になったら同じことをしているのです。

人間は自分にとって耳の痛いことを言われるのはイヤなのですが、ほんとうに忌憚のない意見をぶつけられるようになると、結果的に相手のキャリアにもプラスになることが多いものです。

自分がクライアントや上司の立場ならば、コンサルタントや部下からの「忌憚のない意見」に感情的に反発するのではなく、まずは受け止める。それから建設的な話をする。そうだとすれば、どうすればいいのか。指摘されたことがコンサルタントの思い違いであれば、それを証明すればいい。もちろんそこに中身がないといけないけれど、挑戦的なことを言われてもそれを受け入れられるのが、インテグリティのある人だと思います。

クライアントのキャリアを応援する

クライアントとの信頼関係を築く上では、「相手のキャリアを応援する」という姿勢を持つといいでしょう。

すでに言ったように、若いコンサルタントであれば、クライアントと自分が同じようにステップアップしていくのが理想です。そのためには相手のステップアップを応援する必要がある。

具体的にはどうやって応援するかというと、プロジェクトの結果を出すということももちろんですが、日ごろから議論に付き合っていくことだと思います。議論をした結果、それがプロジェクトにつながるかどうかは二の次でいい。何度も言うように、相手が迷ったときに相談したくなる相談役になることが大事です。

このような関係を築くことができないと、その会社で何か案件が発生するたびに、ほかのコンサルティング会社とのコンペになってしまうのです。

そしてもう一点心得ておきたいのは、先方がこちらを選ぶときはリスクを負っているということです。私たちは「今この事業が好調だから、これが稼いでくれているうちに、新しい成長事業に投資しましょう」などと言うけれど、それは先方にリスクを取らせているわけです。

やはり本当に何かを変えようと思ったら、向こうにもリスクはある。私たちは簡単に「新しい事業を始めましょう」「祖業であっても売却しましょう」と言うけれど、何事も言うほど簡単にはできません。失敗すればそれなりに厳しいことになる。先方は自分の社内のポジションという意味においても、リスクを取って依頼してくれているのです。

もちろんこちらの提案どおりにできないこともあるでしょう。それは事情があるから、理解する必要がある。やはり社長だけが受ける風圧とか、責任とか、いろいろなものがあるのです。しかしそれも含めて理解し、共感できるという関係になってきたら、この仕事は本当に面白いと思います。

コンペで勝って〝We are smarter than X社.〟などと言ってもしょうがありません。コンペというのはほとんどの場合、提案書の中身の差はそれほどないと思います。最後の決め手となるのは、「あいつとやってみるか」というクライアントからの信頼です。レベルが高いテーマであればあるほど、そうなると思います。

なぜなら提案書のとおりにしたところで、プロジェクトというのは、そのとおりにいかないかもしれません。それならフィーが安いところに決めたほうがいい。

しかし結果が出るかどうかもわからない、しかもいわゆる「痛みを伴う改革」を決断しなければいけないとき、経営者の選択の最後に決め手になるのは、「誰の提案であれば自分は背中を押されるのか」ということです。

カーニーの若手やパートナーたちには、そこに呼ばれるようなコンサルタントであってほしいし、私自身もそうありたいと思っていました。

クライアントに議論で勝っても仕方がない

逆に、信頼されないコンサルタントとはどんなコンサルタントでしょうか。それは「仕事がほしい」という気持ちが顔に出ているコンサルタントだと思います。

実を言うと、私自身がクライアントに「岸田くん、きみは仕事がほしいだけだろう。そういう顔をしているよ」と言われたことがあるのです。図星でした。

やはり相手にとって何がいいのかを考えること。これはほかの仕事でも同じだと思います。

またコンサルタントの中には、一発勝負ではいい仕事をするけれど、クライアントと長く関係を続けることができないというタイプがいます。一回ごとの問題解決は得意だけれど、クライアントの信頼を得られない。〝I am smarter than you.（私のほうが頭いいでしょう）〟と誇示するように議論を吹っ掛けて、お客さんに勝とうとする人です。カーニーにはいませんが、そういうコンサルタントがいる会社もあります。

「今日の議論はクライアントに勝ったな」

と言って喜んでいても仕方がないということは、冷静に考えたらわかるでしょう。

また、お客さんと口論になってしまうタイプもいる。もちろん私たちは、たとえお客さんがいやな気持ちになろうとも、正しいことを言わなければいけないときもあります。でもお客さんにとってみれば、自分がずっとやってきたことに対して、「そのやり方はまずい」とか、「そのやり方は結果が出ていない」と言われると普通は気分を害するでしょう。

言いにくい、相手が聞きたくないことをどう聞いてもらうかにこの仕事の醍醐味があるのに、「俺が正しいことを言っているのに、あいつはわからなかったから席を蹴って帰ってきた」というのは、かっこいいようだけれど、実はかっこよくない。

私自身、「君の言うことは正しいかもしれないけれど、君の意見は聞きたくないよ」と言われたこともあります。やはりクライアントと信頼関係を築かなければ、どんなに正しいことを言っても聞いてもらえないのです。

企業トップから相談される関係を築けるか

このように考えてみると、コンサルタントにとってはプロジェクトの結果ももちろん重要だけれども、その前工程で「どういった信頼関係が築かれているか」「お互いをわかりあえているか」が最も重要だということがわかるのではないでしょうか。

プロジェクトを受注するプロセスにしても、ただプロジェクトを「売ろう」とするのではなく、まずクライアントとの確固たる信頼関係があって、「次に解くべき課題は何か」という話をし、その結果としてプロジェクトが生まれるという順番であるべきです。

ですから、営業で自社のサービスやプロダクトを売り込むのは下策。できれば企業のトップから直接、相談の電話がかかってくるような関係を築くのが理想です。

それには教養を積んで幅が広い人間になることです。仕事とは直接関係のない知的な雑談ができる関係が続いていく中で、相手が「この人になら悩みを打ち明けてもいいかな」という気になることがある。とにかく何か困ったことがあったとき、判断に迷うことがあったとき、「あの人に聞いてみよう」と思われるような信頼される相談役であってほしいのです。

私はワインやオペラが趣味なのですが、趣味の話が仕事に役立つときもあります。やはり経営者になるほどの人は、時間の使い方が基本的にうまい。「仕事の鬼」と言われている人も、仕事ばかりはしていない。仕事ではない時間に何か違うことをやって、うまく切り替えて、精神の健全性を保っているという人が多いと思います。

そういう人と話すのであれば、何か面白い話をしないとつまらない人間だと思われてしまう。目の前の仕事の話しかしない関係では、人間の距離は詰まっていかない気もします。社長だけしか経験できない風圧がある。その重圧を少しでも軽減することができたら、そして、日本を変えることができたら、コンサルタント冥利に尽きる。だから「ちゃんと社長と話すようにしろ」と言い続けました。

プロジェクトがないときこそ、クライアントのために考える

たびたび述べてきたようにインテグリティがなければ信頼を得ることはできないのですが、信頼関係を築くのにも、段階があります。

まずプロジェクトでいい仕事をして、「フィーを払った甲斐はあった」と思ってもらう。次に「プロジェクトをしている間は有益な情報を与えてもらった」と思ってもらう。

しかしこの段階ではまだ単なる取引の域を出ないかもしれません。しかし徐々に情報ではなく、個人的な知見や経験を交換できるようになります。こうなるともう少し高度な関係で、相手への慮りというか、「今、この人はこういう話をしたいのではないか」ということが、だんだんわかるようになってきます。

たとえば直属の部下とは共有できない、誰とも共有していない危機感のようなものがあるのではないか、ということがわかるようになる。さらに関係が深くなると、ちょっとリラックスした時間に、会社の将来や日本の将来について語ったり、政治と地政学や、お互いの趣味や家族の話をしたりができるようになる。こうなれば本当にいい関係だと思います。

「プロジェクトでいい仕事をして終わり」では本当のトラステッド・アドバイザーとは言えません。

プロジェクトがないときこそ、クライアント企業とどういう関係を築けるかが大事だとも言えます。もちろんプロジェクトがないとわれわれのビジネスは発生しないのですが、そういうときにこそ、クライアントのために何ができるか。それを考えられる人が、本当に信頼を得られるのだと思います。

プライベートで大人の趣味を語れるか

経営者と本当の付き合いができるようになる一つの道は、プロジェクト以外の時間、つまりプライベートや趣味の時間を共有することです。「相手に合わせて、同じ趣味を持て」というわけではありませんが、クライアントの経営者にとって、自分と同じものに興味がある人間にはいろいろなことを話せるのも事実なのです。

私の知る限り経営者の多くは他人に誇れる趣味を持っています。彼らは時間の使い方がうまいからこそ要職に就いているので、その人たちと付き合うには、きちんとした大人の趣味を持っているということはとても重要です。どんな趣味でもかまいません。ゴルフでもいいのですが、趣味に関してはある程度時間をつくって、本当にうまくなろうと思えるものが必要だと考えます。

信頼を得るための見た目についても話しておきましょう。細かいことですが、靴は磨いておくことです。それから、カバンはちょっと使い込んでいたほうがいい。靴が磨かれていないのは身だしなみの点で失格ですし、カバンはあまりにも真新しいと「ひょっとして経験が浅いの？　この人に任せて大丈夫？」と不安に思われてしまう。

カバンはよいものを買って、手入れをしながら使い込むといいでしょう。今は軽い素材のバッグが中心になって、変わってきてはいますが。

私はずっとワインとオペラが趣味だったのですが、50歳を越えてから「不安定なものをコントロールしたい」と思うようになり、バイクに乗り始めました。

クルマの免許を持ってからはバイクに乗ったことがなかったので、約30年ぶりです。危険だと反対する家族に内緒で大型二輪の免許を取り、ハーレーダビッドソンのバイクに乗るようになりました。

自転車もそうですが、バイクはスタンドを立てなければ自立させることはできない不安定な乗り物です。スピードを出して走ることでようやく安定する。この不安定なものを安定させるという感覚を忘れないようにしたかったのです。

コンサルタントというのは、「このパターンで成功した」とか、「こうするとだいたいうまくいく」というコツをつかんで、それだけでこなしていってはいけない職業です。常に新しいことに挑戦してこそ、違うやり方ができるようになる。

経験だけに寄りかかっていると、新たな問題の発見もできず、ブレークスルーに通じる解決策の提案もできません。

あえて不安定で先が読めない世界を持つことは、そういう意味でも非常に重要だと思ってバイクを買ったのですが、妻からは「言い訳が下手ね」と言われてしまいました。

後日談ですが、トランプが大統領になった後、トランプ・ブランドの一つになってしまったハーレーは売ってしまいました。

加藤陽子　『それでも、日本人は「戦争」を選んだ』ほか

２０２０年秋には、日本学術会議推薦会員任命拒否問題で過去に読んだ本を読み返しました。加藤陽子さんの『それでも、日本人は「戦争」を選んだ』（新潮文庫）は、２００７年の年末から翌年のお正月にかけて五日間にわたり、高校生に向けて行った講義をもとに構成されたものです。歴史が暗記ではなく、現代を考える糧になることをこれほど上手に伝えている書物はないのではないかと思います。

日本の視点だけでなく、中国や列強の視点も加えて、その時に生きていたら自分はどう考えるだろうかと考えながら読み進めます。何度読んでも素晴らしい本です。安倍晋三前首相にせよ、菅義偉首相にせよ、知性に対する復讐をしているのではないかという態度には辟易します。民主主義というものをきちんと学ばなかったのでしょう。学問の自由を侵し言論の自由を封じようとしている。習近平の中国と同じです。

加藤さんのファンになったら『戦争まで――歴史を決めた交渉と日本の失敗』（朝日出版社）も続けて読むとよいと思います。基になる講義が先のものから8年後の2015年から始まったのですが、その間にも日本と世界の中で国民と国家の間の軋みが激しくなっており、各章の問いの設定は的を射ています。

加藤さんの本を読みつつ同時に読んでいた本が服部聡さんの『松岡洋右と日米開戦』（吉川弘文館）。好きな著者が書いたものだけでなく、並行して同時期について書かれたものを読むことは心がけるべきでしょう。松岡洋右の評価に興味はなく、彼を通じて、どこで日本が国策を誤ったのかを考える材料として手に取りました。私は先進資本主義国として持てる国となった英米仏が主導する体制に偽善多しと認めるものですが、それに対抗する日本の意思決定がいかに主観的状況認識に基づき、wishful thinking に満ち、杜撰な意思決定手続きであったかを確認することができます。集団としての意思決定の杜撰さは、現在の新型コロナへの対応にも当てはまるのが怖いところです。

この流れでさらに読むべき本は、猪瀬直樹さんの『日本人はなぜ戦争をしたか』（『日本の近代　猪瀬直樹著作集8』小学館）でしょう。私が最初に読んだのは19年前ですが、書かれた1983年から色褪せず、猪瀬さんの最高傑作の一つです。さらにもう一冊薦めるとしたら立花隆さんの『天皇と東大』（文春文庫）があります。

第5章

チームの力をまとめるインテグリティ

アウトプットを最大化できる

「君は部下からの評価は低い」と指摘される

この章では、リーダーに求められるインテグリティについてお話ししたいと思います。私は、個人戦ではできないことも集団戦ならできると思っています。それには組織をリードする力が必須です。

ところが実を言うと私は若いころ、組織を率いるのがとても下手でした。若いころは自分が輝きたかったし、自分が優れていることを証明して誇示したかった。「自分はできる人間である」ということの証明に忙しくて、他人を立てて、他人の評価を高める手伝いなどしていられなかった。だから部下や取引先を「使い倒して」いたところがあります。

しかし当時はその自覚がなかったのです。それを思い知らされたのは、プロジェクト・マネジャーという立場になったときに受けた研修でした。

研修は新たにプロジェクト・マネジャーになって数カ月経った人を集めて、グローバルで行われました。その前に、会社は私と一緒に働いている人たちからアセスメントと呼ばれるアンケートを取っており、その結果は研修の初日に私に伝えられるようになっていました。

当時の私は37歳。コンサルティング会社ではMBA修了者が入社するのは20代後半が普通なのですが、私はコンサルタントを志したのが遅かったので、すでにその年齢になっていました。だから私の最初の上司であるマネジャーは自分より若い30代前半の人だったりもしました。そういうスタートだったけれど、2年でプロジェクト・マネジャーに昇進することができました。

そうした状況の中、研修初日に伝えられたアセスメントの結果は、非常にショッキングなものでした。私は上司であるパートナーからの評価はわりと高くて、研修を受ける人たちの中でも上位4分の1に入っている。しかし若い人たち、部下からの評価が低くて、下のほうの4分の1に入っているという。つまり上からはとても高く評価されているが、下からは非常に評価が低いという結果だったのです。

「あなたは上司からは〝信頼できる、任せておけばいい〟と書かれている。しかし部下からは、〝一緒に働くと息が詰まる〟と言われています」と言われました。

さらに追い打ちをかけるように、こうも言われました。

「あなたがリーダーを務めていたら、チームの能力はあなたの能力以上には発揮されません。うちの会社にはあなたぐらいの能力の人は、掃いて捨てるほど入ってきます。あなたの能力でチームのパフォーマンスの上限を設定されるのは、わが社にとって損失です」。

そして、「これからリーダーであるということはどういうことか、この1週間一緒に学びましょう」と言われましたが、「自分の評価はそれほど低いのか」とショックで固まってしまいました。

もし私がリーダーシップという点で少しでも変われたのだとしたら、この研修が契機だったと思います。

その面談が月曜日の午前中だったとすると、金曜日の午前中には最後の仕上げがありました。この1週間で学んだのが、リーダーはマネジャーではないということです。

「リーダーとマネジャーは違う。きみはマネージしているだけだ」

とさんざん言われ続けました。

このとき私はようやく、自分以外の人の力を最大に発揮してもらうことで、成果が足し算ではなく掛け算になるということに気づいたのです。

個人プレーではよい仕事、大きな仕事はできない

この経験があったので、私が2014年にカーニーの日本の代表者を務めるようになったときも、チームの力を高めていこうと思ったのでした。産業を、社会をよりよく変えて

いきたいという思いをクライアントと共有する。そして、それを実現していくためには、カーニーのチームとしての力を最大限に発揮しなければなりません。カーニー自体も変革が必要でした。

当時のカーニーの東京オフィスは、個々のコンサルタントのコンサルティングの力量は非常に高いけれども、オフィスとしてはその集まった能力を最高には発揮できていないのではないかと気づきました。

たとえば自分がそれまでプロジェクトに取り組んでいた会社で、新しいプロジェクトのコンペをすることになった。しかしそれは自分が得意なテーマではないテーマだとする。そんなときもほかのメンバーに声をかけていないのではないか。

彼らは自分がクライアントを独り占めしているとは思っていなかったかもしれません。もともと先輩たちがそういう仕事のやり方をしているのを見習ってきただけであって、仕事を共有したくてもそういう雰囲気ではなかったのかもしれない。

ともかく、これからは仲間と仕事を共有してもらうことにしました。

クライアントの数を少なくして、その代わり一社で多くの仕事をするという方針を強調したのは、私たちの効率を上げるためだけではありません。クライアントである会社を大きく変えるには、そのほうが効果があるからです。

会社というのは一つのことを改善したからといって、変わったりしないものです。固定費削減も重要だし、新規事業も重要だし、組織も重要。日本と海外であれば、海外も重要。これを一人のコンサルタントがすべて見ることはできません。だからゆっくり、じっくり、ひとところに腰を落ち着けて、チームで仕事をすることに意味がある。

個人プレーの限界ということもあります。かつてコンサルティングの世界には誰もが名前を知るような有名なコンサルタントが何人かいました。しかしそのようなスターも一人でできることには限界があります。

「たこつぼ」から脱してチーム力を最大化する

前述のとおり、私がカーニーに来て気づいたのは、個々のメンバーの力量は高いのだけれど、みんな一国一城の主なので、そのせっかくの優秀さがチームの力として最大化できていないということでした。

なぜそれに気づいたかというとパートナーが集まった会議などでも、各人それぞれのクライアントの話が出なかったからです。

「この会社はこの問題があるよね」

「今この業界はこういうふうになっているんですよ」

というように、自分の今手掛けているところで何が起きているかを言わない。クライアントの状況を共有しない。一人ひとりが自分のクライアントを囲い込んで独り占めする、いわば「たこつぼ」に入っている状態です。

これは変えたほうがいいと直観しました。一人ひとりが弱かったらやってもしょうがないけれど、一人ひとりがかなり強い。しかし、かなりたこつぼ状態になって仕事をしている。これはやりようがある。それだけでもポテンシャルがあると思いました。

チームで仕事をするようになれば、結果がついてくる。そうなればまたみんなのチームプレー支持も強まるという好循環になります。

「独り占め」の「焼き畑農業」には限界がある

かつてのカーニーは、あるクライアント企業の仕事を一人のパートナーが抱え込み、新しいテーマに詳しいほかのパートナーがいたとしても、その人をクライアントの前に呼ばないことがあった。その結果、せっかくあるテーマでよい仕事をしても別のテーマではほかのファームにコンペで負けてしまう。結果として焼き畑農業というか、今年はこの会社の仕事をして、来年は別の会社の仕事をして、というようなパートナーもいました。しかしそれではパートナー個々人の業績目標は達成できたとしても、クライアントとの関係は太くなっていきません。

よい提案書を書いて、コンペでよいプレゼンテーションをすることで仕事を獲得できる人はいます。しかしコンペから始まったとしてもせっかくよいクライアントとの出会いがあったにもかかわらず、個人プレーではその企業との関係が長続きしない。関係が太くなっていかないということは、自分と一緒に働くチームメンバーも毎回安定しない可能性があるのです。

同じクライアントといろいろなテーマを手掛けていたら、そのクライアントチームには常に一定のメンバーが集います。すると、そのクライアントチームはみんな早く昇進する。それは複数のコンサルティングファームをまたいで見てもそうなのです。

けれどもバラバラな仕事をしていると、毎回、毎回、チームのメンバーが変わる。そうすると、若手を育てる環境としても機能しなくなってしまいます。「あいつを育てよう」と思っても、仕事がなければほかのプロジェクトへ行って仕事をしてしまうからです。そうするとなかなか自分の「ナチュラルチーム」というものがつくりにくくなる。

アウトプットが足し算にとどまり、掛け算にならない

一人ひとりが独立している場合は、どんなに活躍してもアウトプット（成果）は「足し算」でしかありません。「掛け算」にならない。

なぜそうなるのかを考えると、おそらく一人ひとりのシニアが自分の行きやすいところに行って、話しやすい人に話して、自分が得意なこととか、自分がわかっていることを提案しているのではないかと思いました。

社長と担当役員と部門長では力量に相当な差があるものですから、担当役員や部門長と話しているほうが気持ちは楽です。それで仕事が受注できるのなら、そのほうがいい。だからトップではない人のところに行きがちになる。

カーニーのコンサルタントは本当に力がある人たちです。その人たちが組めば、おそらくジャズの即興演奏のようなことができる。それは面白いのではないかと思いました。

社長の前で説明しているとき、思いもかけない質問をされて、一人では答えられないときがあります。そこで、「すみません、持ち帰ります」と言った瞬間に「もう来なくていいよ」ということにならないとも限りません。でも言葉に詰まったとき、その場に仲間が

いれば、考えをまとめるまで一分間ぐらい何かしゃべって、場をつないでくれることも期待できるでしょう。

もちろん同僚と言ってもお互い私生活はそれほど知らないし、好き嫌いの感情もあるかもしれない。しかし少なくとも仕事の力量は認めるし、尊重できるのであれば、「この人と私が組むとお客さんが喜ぶ。結果的に仕事が増える」という好循環が回り始める。それぞれの得意技を合わせることで、クライアントに提供する価値を最大化できるのです。

コンサルティングも源平合戦から集団戦に変わってきている

コンサルティングファームというのは、昔はどこも独立したパートナーの集団という色が濃かったと思いますが、今は「ファームとして何ができるか」という勝負になっていま す。これは日本でもグローバルでも同じです。

コンサルティング会社には複数のパートナー（共同経営者）がそれぞれ会社のオーナーであり事業の責任者でもある「パートナーシップ制」をとるタイプのグループがあります。この場合はパートナー一人ひとりに業績目標があります。しかし担当する産業によっては景気のいいところも悪いところもあるし、業績がいい会社も悪い会社もあるので、すべてのパートナーが毎年同じように業績を上げることは難しい。だから全体としてはみんなでリスクとリターンをシェアしましょう、というようなものです。

私は昔のコンサルティングのコンペは、源平合戦みたいなものだと思っていました。

「やあやあ、我こそは○○の××なり」

と名乗りを上げてコンペで戦う。だから戦に勝った功績がパートナーという個人に帰する。

でも今ではそんなものは終わっていて、もう集団戦になっています。複数のパートナーがやってきて、「あなたの会社についてはわれわれが全体的に変革を支援できる」と言い、どんな課題が来てもチームとしてベストな解答を出すというイメージです。

すでにほかの会社は集団戦をやっているのに、カーニーはなんとなくまだオールドファッションの趣が強いな、という気がしました。

そこで集団戦の強さも発揮できるようにしました。

そもそもコンサルタントは自由で独立した存在でありたいと思っているところがある。しかし一方で、やはり集団、組織で戦わなければならない。したがって、「集団戦」もやりながら、「個々が際立っている」というところも追求しようとしました。いわば「名前のない集団戦はやりたくない」といったところです。組織に埋没するのではなく、独立した大人の集団としての強みを持った組織を目指したのです。

カーニーの目的には日本企業のために尽くすとか、日本企業が強くなるようにすると書いてあります。それをやるためには、個人戦では限界があるのではないのか。だからそのためにはまず〝fewer clients〟、すなわち、クライアントの数を減らす。その代わり一つの企業の中でいろいろなことをやる。

そのためにはパートナーは一人ではなく、どうしてもほかの人を呼んでくるしかなくなります。自分ができることには限界がありますから、自分の弱いところを補完してくれる人を呼んでこなければいけないでしょう。

しかしその企業を担当していたパートナーにすれば、自分の中で葛藤はあると思う。たとえば自分が呼んできた同僚を社長が気に入って、話をするときもその人の顔ばかり見ていたら、いい気持ちはしない。私にもそういう経験があります。でも、その葛藤には勝たなければいけないのです。

パートナーは「一国一城の主」だった時期がありました。そういう意識がまだ残っている人たち同士が組むとなると、どちらもイニシアチブを取ろうとしてうまくいかないかもしれない。そこで、「この企業としてのクライアントにとって最上のサービスを提供する、当面のリーダーはこの人です」という役割をおきました。

しかし「リーダーにはその企業を預けているだけで、パートナーのものではない。預けているだけだから、リーダーがこのクライアント全体に目配りをして、課題によりベストなコンサルタントを引き入れてよい仕事をする。結果としてクライアントに最大のインパクトを与えられるのであれば、ずっとリーダーをやっていればいいし、そうでなかったら替えます」と言っていました。

クライアントの数は少ないほうがいい

繰り返しになりますが、私はクライアントの数は少ないほうがいいと思っています。少ないクライアントに力を注いでいくほうが、本当に意味がある仕事ができる。

私がカーニーの日本代表になったときは、クライアント企業の数がとても多かった。それでもパートナー一人ひとりのターゲットとされる業績は超えていましたが、私はこれでは日本は変えられないと思いました。日本を変えるのであれば、日本を変えるような影響力がある会社のトップの仕事をするしかない。

その方針で少数のクライアント企業にフォーカスしていった結果、2020年時点では私が入ったときより、売り上げで上位を占める10社の占有率はどんどん上がっていました。そして、東京オフィスはグローバル全体としてみた中でも、生産性も高いし、利益率も高いオフィスになりました。

でも経済構造もクライアント企業の中も変わっていくものですから、いつも同じ10社で100％にする必要はないし、大手企業でどこか特定のコンサルティング会社だけと契約している会社はほとんどなく、少しずつは入れ替わるものです。たとえば社長が代わったら、「前社長が重用した××社とはいったん距離を置いて、他社ともプロジェクトをしてみたい」という場合もあるでしょう。

しかし私が今述べたような話を仲間のパートナーとすると、「現実はそんなに簡単ではありません」とよく言われました。

「明日の社長と仕事をしろ」と言われても、そうそう社長候補とは知り合えない。「だからこの部門長の仕事をしていいですね」と言われます。

多くの場合はいいと言いますが、それを毎回繰り返していてもどうにもならないよ、とずっと言っていました。それではクライアントを変えるとか、社会を変えるというふうになっていかないでしょう。

「それなら、オフィスの業績目標を達成しなくてもいいんですか」

と聞かれることもあります。でもそれは成長目標をあきらめることだからダメ。それを両立させることは確かに難しいけれど、私もそこはわかった上で言っているわけです。じゃあ、今年は無理でも、来年になったら一つでも社長の仕事ができるのか。クライアント企業の数を減らして、より長い関係を築いたクライアントが増えるのか。そこは長い目で見て、評価していました。若いパートナーはプロセスを評価するけれど、10年やっている人はより結果を重視して評価する。そこはわりと分けて評価するようにしていました。

より集中して、その会社、その業界を知ることが重要

当然のことですが、クライアントである会社をよく知っているということ、その産業を知っているということが重要です。そうでなければ一から関係を築いて、その業界のことを調べなくてはならない。

かつてのカーニーは、私が前にいたコンサルティング会社と比べても、提案の活動量が非常に多かった。新しいお客さんを常に開拓し、提案書をたくさん書いてはコンペにも勝って仕事をとってくる。貪欲と言っていいくらい積極的に新規案件獲得の仕事をしているのですが、これではコンサルタントが疲弊してしまう。

コンサルタントが知らないクライアントを相手に、しかも初めてのテーマをやるというのは、夜を徹して働かなければいけないということを意味します。しかし手掛けたことのないテーマであっても、クライアントのほうをよく知っていたら、負担は少し減る。

クライアントを知らなくてもそのテーマを手掛けたことがあるという場合も、難易度は下がります。

知らないクライアントで、知らないテーマの仕事をする場合は、毎晩遅くまで働き、土日も働いたとしても追いつかないくらいでしょう。いくら若い人であっても、ワークライフバランス的に問題です。

しかし少ないクライアントとよい関係を築いていれば、クライアントに対する主張もしやすくなります。

たとえばクライアントが金曜日に、「調べた結果は月曜日に報告してください」と言ってくる。これは暗に土日も働けと言われているようなものです。こんなときでも、自分が本当にクライアントにとっての信頼される相談役であれば、「火曜日、あるいは水曜日にしてください」と言える。

あるいは、昔は「プロジェクトのメンバーに女性を入れるのですか？」という会社がありました。当時ですら、さすがに本人に面と向かっては言わなかったけれど、

「女性がマネジャーで大丈夫ですか？」

と陰で聞かれたことがあります。

今はもしそういうことがあったら、「彼女は素晴らしいから、うちはマネジャーにしています」と言いますが、もし初めてのクライアントでそういうことがあると、「先方の希望に沿えないと、プロジェクトを失うかもしれない」と思って言いにくくなるかもしれない。

しかし長いあいだ培った信頼関係があれば、こちらも主張すべき点は主張できる。そもそも「カーニーの人には安心して仕事を任せられる」とわかっていますから、「女性で大丈夫ですか？」「時短勤務の方で大丈夫ですか？」とは言われなくなります。

長期的な信頼関係を築くことは、双方にメリットがあるのです。

クライアントの「囲い込み」をさせない

具体的には、次のようにして変えていきました。

まず競合からやってきて日本代表に就いた私は、こう話しました。

「カーニーには大きなポテンシャルがある。そのポテンシャルを伸ばすためには変えてもらいたいことがある。それがfewer clientsです」

みんな「エッ?」という反応でした。

「クライアントは多いほうがいいでしょう。いつか、今のクライアントの仕事はなくなるかもしれないのだから」

「いや、fewer clientsです。それからlong- lasting、長く続くお客さんをつくりましょう。それから、私たちが目指すのはトップとのrelationshipです。そのために何が必要かというと、みんなが協働しましょう。絶対に自分で囲い込まない。自分だけのクライアントだと思わない、というふうに変えてください」

と言ったのです。

コンサルタントであれば、カーニーを自分のクライアント企業だと考えれば、これと同じことを言うと思います。行きやすいところへ行って、手慣れた仕事をとってきて、足りない部分は活動量で補うのではなく、本当に行くべきところに行く。たとえば医薬品や医療機器メーカーをコンサルティングするのであれば、小さな病院を回るのではなく、大きな総合病院に行って、自社が戦略的に開発した難病を治す薬や最先端の医療機器などポテンシャルが大きいものから営業していくべきと助言するでしょう。

しかし、なかなか言ったとおりには変わらない。とくに抵抗が大きかったのは、「クライアントを囲い込まない」という部分でした。

私はそのときにかつてブーズに戻ったとき、日本にいたオランダ人のパートナーから、「the more you share, the more your client will be benefitted」と言われた話をしました。私たちがシェアしたらクライアントにとってはもっと大きな利益になる。そして「the more we finally benefitted」、私たちに最後にその利益が返される。こういう順番だから、クライアントをシェアしようと話したのです。

すると、

「仕事をシェアしたら仕事が大きくなるのはわかります。でも最初は分けるんですよね、私のクライアントを分けたら、私の売り上げは半分になります」

と言うパートナーもいました。パートナーの売り上げは、実際に業績評価への影響が大きいのです。

「頭ではわかるけれど、最初にすることは分割でしょう。2人でやったら半分になるでしょう。それはどうしてくれるのですか」という反応でした。

それについては、「よい仕事をするためには、1人ではできないようにクライアントの要請が変わってきている。その課題に対してベストなものが日本になければ、日本以外のグローバルから持ってくることもある。だからベストなチームをつくるんだ」と返答したけれど、クライアントの共有を実行してもらうのはなかなか簡単ではありませんでした。

情報、人脈を共有することが大切

まずは情報を共有することにしました。四半期に一回、シニアメンバーそれぞれに、自分の担当しているクライアントにはどういう課題があって、どういうテーマのコンサルティングをして、競合状況はどうで、カーニーはどういうポジションにいて、ということをきちんと説明してもらいます。

当時、カーニーのグローバルやアジア・パシフィックのリーダーたちから「日本はブラックボックスだ」と言われていたので、各シニアからこれを説明してもらうのはちょうどいい情報共有になります。そこでアジア・パシフィックの私がレポートしている人からも、いろいろな質問をしてもらうようにしました。さすがにみんなの前で質問されたら答えなければいけないから、いろいろなことがどんどん透明になっていきます。

たとえば「自分はこのクライアントから3億円のプロジェクトを発注してもらっています」と言っても、コンサルティングに全社で5億円しか払わないのに、カーニーに3億円払っている場合と、コンサルティングに全社で20億円払っているのに、カーニーには3億円しか発注していない場合とでは、そのクライアントにおけるカーニーの立ち位置はまったく異なるでしょう。

そんなふうに、そのクライアントはコンサルタントに全体でいくら使っていて、競合している会社はどこで、テーマは何で、カーニーはどこのポジションで、カーニーが競合に勝とうと思ったら何をしたらいいかを説明してもらいました。相当うっとうしがられたと思います。

「なんでそんなことをみんなに言わなければいけないんだ、何の利益があるんだ」

と言われたけれど、まずは何をしているかをお互いに知ることで仕事をシェアしやすくする狙いがありました。しかしそれだけでなく、情報を共有することで、共通の知人を発見することも期待していたのです。

「ああ、あの人、私知ってるよ」とか、「あの人なら高校の先輩ですよ」ということがあるかもしれないでしょう。

コンサルタントの仕事をする場合、誰を知っているかは重要なことです。意外と「この人は知り合いだ」ということは少なくない。でも情報を共有しなければ知らないまま、その仕事はカーニーに話も来ないまま、どこかよそへ行ってしまったかもしれないのです。

だからそれぞれが責任を持つクライアント企業の社長や役員の名前を書いてもらって、

「知っている」「仲がよい」「カーニーのファンである」「他社のファンである」というように全部マークを付けていった。皆でだいたい把握した後は毎回はやっていませんが、ある程度浸透するまではこういうことをずっとやっていました。

このような徹底した情報公開は、自分の状況を他人と共有することはよいことなのだと信じていないとできないことです。

やはり自分の生存圏を奪われるという恐怖からは逃れられないものだと思います。同じファームの誰かを紹介して、もしその人が自分より優れていると思われれば、その人に仕事が行くのではないかと思うのは自然なことかもしれません。

けれども、その葛藤を克服しない限り、カーニーが取れなかった仕事を取っていくのはBCGだったり、マッキンゼーだったりするのです。

だからその恐怖とか、もしくはそれが現実に起きたときの嫉妬をコントロールしなければいけません。その恐怖の克服には、少し時間がかかりました。

パイが大きくなれば取り分は増える

しかし各人にとっては自分の取り分が減ったように見えても、時間が経つにつれ、全体のパイは大きくなっていきました。結果的には全体の売り上げをパートナーの頭数で割った値は毎年大きくなったのです。みんなで協働することによって、1人当たりのパイが増えたということです。

やはり1人でやっていたら限界がある。最初は分けるのに抵抗があるけれど、10回やったら、分けるパイが増えているのだと話をしています。

たとえば1人であるクライアントに1億円の仕事をしていた。それが自分の成績になるはずなのに、だれかと一緒にやった瞬間に半分になる。

しかしそれを10回繰り返していったら、どうでしょう。1回目は1億が5000万と5000万になる。しかし1人では年間に3回か4回しか仕事ができない。でも2人でやったら、6回、7回とできる。7回できたら、7億円の売り上げでしょう。それを2人で分けたら1人当たり3・5億円の売り上げです。1人当たり3・5億円は同じだったとしても、クライアント全体にはもっと大きなインパクトを与えられています。

ということを皆に理解してもらいながら、情報を公開した人、他者にギブをした人が損をしないように、評価の仕方も変えていきました。やはり人事評価を変えないと人間は動かない。

ちょうどカーニーのグローバルもコンサルティング会社としての在り方を個人戦から団

体戦に変えようとしていたのでしょう。このやり方を応援してくれました。

つまり「この案件は自分の専門の領域ではないので、専門性があるあなたにぜひ入ってほしい」というように機会を共有した人は評価を高くする。逆にいくら売り上げても、他人と機会を共有しない人の得点は減らす。人を助けたらポイントをつける。同じ売り上げを立てていても、一人だけでやっている場合は割り引く。

この考え方は、いくつかのほかのファームではすでに行っていたのですが、私が自分でリードしてやったのは初めてだったので、手応えを感じました。

「焼き畑農業」にはヒト、モノ、カネを使わせない

クライアント企業を独り占めしているときにはあまり優遇しない。優遇しないというのは、たとえばスタッフィングで強い人のチームをつくらせない。優秀な若いコンサルタントをつけないということです。

クライアント企業とよい関係をつくるためには、普通の会社と同じように営業活動があります。提案書なり、提案書の前のディスカッションペーパーなどを作成する。相手の懐に入っていくためには、それらを使ってさまざまな話をするわけです。

それには社内で工数をかけることが必要です。社長がクライアントで数年にわたって支援を続けている会社からの案件には、提案書づくりにもよいメンバーを投入するが、一回限りの焼き畑農業みたいな機会にはなるべく人やモノもお金も使わせないというふうに、インセンティブとディスインセンティブを組み合わせていきました。

そのためには現状を「見える化」する必要がありました。今どのようになっていて、長期のクライアントが増えているのかとか、人やお金をかけているものにはどういうものがあるかなど、できる限りガラス張りにしました。いかに提案のみに終わっている活動が多いかがわかってしまうので、嫌がる人もいましたが、逆に「見える化」をリードしてくれる人も出てきました。

論より証拠で、時間が経つにつれ、チームで協力することのメリットをみんなが実感し始めます。

戦略とオペレーションの両輪を回せる

私はカーニーに来た当初から、前職とクライアントがかぶっていなかったこともあり、私が率先してクライアントを共有したことで、非常によい効果が生まれました。

カーニーは、もちろん戦略立案の案件も多いけれど、どちらかというとオペレーションの改善でボトムラインの結果を出すところに定評がありました。私自身はどちらかと言えばトップライン・グロース（成長戦略）やビジョン策定など、戦略関連のテーマを多く経験してきた一方、コスト削減などオペレーション関連のプロジェクトはあまり経験がありませんでした。

だからそういう話があると、前職のときよりも頼もしかった。オペレーションが得意なパートナーを呼んできて一緒にやれたし、戦略とオペレーションという両輪を同時に回すことでクライアントも喜んでくれたからです。

ほかにも担当している業界、インダストリーのテーマについて話をすることと、どの業界にも通用する横串のオーダー的なテーマを組み合わせることもできるようになりました。そこは自分にとってもよかったし、おそらく私の長年のクライアント企業にとっても役に立ったと思います。

しかし今まで一国一城の主で、共通プールのコンサルタントのキャパシティは、早いもの勝ちで使っていたので、使ったコンサルタントの時間に対する提案活動のリターンが明らかになるのは抵抗があったと思います。

でもやはりそのほうがいいよと言ってくれた仲間はいました。口ではそう言ってくれるけれど、もしかしたら本当はどうかわからない人もいたし、明らかに不愉快そうな人もいた。でもこのパートナーシップというのは、代表である私が決めたからと言って変えることはできないので、振り返ると少しずつ賛成者を増やしていく旅でした。思ったより時間はかかったけれど、「こうやったほうがよくなりますよ」と言い続けることで仲間をつくっていきました。

仲間をつくっていくときには、なるべく反対意見を持っていそうな人から同志になってもらうようにしていました。少なくとも影響力が強い人を自分の仲間にしなければいけないから、反対しそうな人でも最初からあまり遠ざけないで「私は外から来てよくわからないことがあるけれど、あなたはここのベテランなんだし、みんなのことを知っているのだから、改革の中心のメンバーになってくださいね」と言って同志になってもらったりしました。

「時間当たり価値」を毎年上げていく

ほかにも私が力を入れたことの一つに、プロジェクト・フィーの価格設定があります。

それまでのクライアントに提供している価値と比べても、競合他社と比べても低かったフィーを、私は価値に見合った水準に上げていったのです。

いつもクライアントから「マッキンゼーよりもいい仕事をしたね」と言われたり、「BCGよりよかった」と言われたりしているのであれば、なぜわれわれのフィーが彼らより低い水準に甘んじる必要があるのか。

二社より知名度が低い分、価格を下げてコンペに勝ちたい気持ちはわかるけれど、よい仕事ができるのであれば他社並みに価格を設定するべきです。他社の価格設定も見ながら時間当たりの単価を上げ、また「これからシニアのタイムチャージは実際に合わせてくださいね」というようにして、フィー水準を上げました。

しかしコンペで接戦になり、フィーを少しだけ下げたら勝てるというような場合、それは下げてもいいだろう。とはいえ最初からフィーを下げた提案書なんて書いても意味がない。勝者のメンタリティというか、プライドを持とうよという話をしました。

その結果、以前であればすぐ取れた仕事がそうでもなくなって、その仕事が総合系と言われるコンサルティング会社に取られてしまったと言われたりもしました。でも他社でもできる仕事であれば、われわれがやる必要はないでしょう。クライアントにとっても、フィーが安いほうがありがたいはずです。

しかし毎年フィー水準を上げていくには、当然それに見合うだけの価値のあるプロジェクトでないと通用しません。こちらも相当な覚悟は必要です。

以前は焼き畑農業のように、案件が一つ決まると実務は若い人にやらせて、パートナーは次の案件の獲得に行くというパターンも散見されましたが、それを改めるようにしました。つまり同じところにいなければいけないというふうにしたのです。

ということは、同じクライアントで別の仕事の機会を探ることになります。新しい機会を外で探しても、そのクライアントの中に探しても、フィーはフィーです。でもどちらのほうがよい仕事をやれるかと言えば、焼き畑農業的にいろいろな企業に行くよりは、一つのクライアントの中のいろいろな課題を解決して、その企業全体が強くなるほうがいいのです。なぜならそのほうがその会社が変わる可能性は高いからです。われわれは日本の会社の変革を支援すると言っているのですから、そうであればそちらのほうがいい。

集団戦と自由裁量の最適バランスを求める

しかし私の行ったような改革は、パートナーにとっては「一国一城の主になったのに、指示されるの？　話が違うじゃない」というものだったと思います。

しかしマッキンゼーやBCGでは、今は、おそらくパートナーになったばかりだと、

Autonomy＝自由裁量余地はほとんどないでしょう。口が悪い人は「ヒラパー（ヒラのパートナー）」といいますがヒラパーはどこのクライアントをやりたいとか、このテーマをやりたいとか、希望を言ってもかなえられることは少なくなっている。パートナーと言っても組織の一部です。

それを面白くないと思う人もいるし、そのほうが早くパートナーになれるのなら我慢しているという人もいる。あるいは若い人は最初からBCGやマッキンゼーに入ってしまったら、おそらくこの業界でパートナーに自由裁量があったということも知らないでしょう。マッキンゼーもBCGも、私がこの業界に入った20年前は自由裁量権がありすぎて、時々内輪もめが起きていたほどでした。だからグローバルでもそれをなくす方向に向かっ[redacted]のでしょう。

し[redacted]私はパートナーを完全な組織の一部にしてしまって、「自分は社会をこうしたい」とか、「自[redacted]はこの会社をこう変えたい」という思いを全部奪ってしまったら、それはコンサルティング[redacted]ァームとしての良さがなくなると思っているので、両方ができるようなバランスを求めた[redacted]思っていました。

それは甘いと言う人[redacted]るかもしれないけれど、個人の個性を発揮してもらうことと、集団戦のいいとこ取りを求め[redacted]い。

集団戦偏重になっている他社の中にいたらどう思うのかはわかりませんが、私はやはりコンサルティングの仕事のある部分は、個性が重要であり、何でこの仕事をやっているかというと自分がこれをやりたいからだ、という思いが原動力にあるべきだと思います。それはおそらく個人のインテグリティを大事にすることでもあるのでしょう。

マネジャー研修での忘れられない出来事

リーダーシップという意味では、忘れられない出来事があります。

本章の冒頭でも紹介した、私がマネジャーになったときに受けた研修の続きのことです。

2人のマネジャーと5人のアソシエイトとのチームでグループ課題に取り組むというものでした。

私たち7人で仮のチームを組み、それぞれ一つ上のポジションのロールに取り組んで、1週間後にAという会社に提案のプレゼンテーションをするというロールプレイをすることになりました。

Aという会社のオリエンテーション資料には幹部の名前、肩書き、経歴も書いてあり、「この人にあなたはこのテーマでプレゼンテーションをしなくてはいけない」と言われます。そして私ともう1人は、入社したばかりの5人のアソシエイトの指導をしなければいけない。

アメリカから研修に来ている人は、真剣に取り組まざるを得なかったことでしょう。なにしろ本物の上司が会社Aの幹部を演じるのですから。日本から来た私は、それほどよくは知らない人たちだったので気楽でした。

ロールプレイとはいえ、内容は現実に近いものなので、実際のプレゼンテーションと同じような準備が必要です。しかし決まりがあって、「マネジャーはアソシエイトに1日に2回だけ、1回30分だけ指導の時間を持ってもよい」というのです。

チームメンバーのアソシエイトたちは入社したばかりの、いわば素人ですから、自分が書いたほうが早い。しかし自分は自分で課題があって忙しい。もどかしいけれど、彼らにやってもらうしかありません。

プレゼンテーションのロールプレイが行われた日は、8つぐらいのチームが提案を発表しましたが、私たちのチームはプレゼンの途中で「こんなもの」と言って提案書を丸められてしまった。ロールプレイなのですが、クライアント役のパートナーがとにかく厳しい。

私が「私たちコンサルタントの意見としては……」と言うと、

「君たちコンサルタントって、この仕事について何を知っているんだ。俺はこの業界に

30年もいる。君たちみたいな若造にこんなこと言われる覚えはないぞ！」

と言いながらテーブルを叩いたりする。とにかく、たいした議論もできずに終わりました。

目からウロコの「ジョイント・ゲーム」

研修最終日のことです。

「今日はこの1週間で皆さんが学んだことが、本当に身についたかどうか試してみましょう」

ということになりました。

マクドナルドの景品にあったもののような、長さの違う、両端に継手をさせるプラスチック製の棒が大量にあって、いろいろな形を組み立てられるようになっています。

「2人一組になって、それぞれのテーブルについてください。それから、どちらでもいいから1人だけこちらの部屋に来てください」

別室に行くと絵を見せられました。先ほどのプラスチックの棒を組み合わせてつくったビルの絵です。

「これと同じものを相手につくらせてください。ただし、この絵を見せてはいけません。言葉で指示してください。指示を与えることができるのは8回だけ。1回10秒です」

私は見せられた「ビル」をつくるための工程を8つに分けて、毎回少しずつ伝えるようにしました。最終的な完成形がわかっているのは自分だけ。それをプラモデルの組み立て図のように分解してタスクを与えれば、最後にはできるだろうというやり方です。8チーム中7チームがこのやり方をとりましたが、どのチームも絵と同じビルを完成させることはできませんでした。

ところが一つのチームだけ、絵と同じビルを完成させることができたのです。そのチームでは、最初からつくるもののイメージを共有しようとしました。でも1回10秒しかないから、4回目までは全体像を伝えるだけで精一杯。「3階建てのビルで、だんだん階が上にあがるにつれ細くなります」と説明しているとあっという間に10秒たってしまうので、相手の人は何もつくれない。

ところが5回目以降は、何も言わなくても向こうがつくり始めるのです。7回目と8回目は修正するだけで済みました。

この話を聞いて、私は研修初日に言われたことを思い出していました。

リーダーの仕事は「登る山」を決めること

私は「あなたはマネージしているだけで、リーダーではない」と言われました。しかし私だけでなくほとんどの人は同じことを言われているはずです。そしてこの研修でリーダーとは何かを学んだ。しかしこのパズルを完成させることはできなかったのです。つまりリーダーとは何かというと、目指すものの全体像やゴールを決めて、それを共通認識させることです。そうしたらチームメンバーはおのずと働きだす。

研修ではこんなふうにも言われました。

「リーダーの仕事は登る山を決めることです。あの山を登るための道筋はいくつかある。緩やかな道を上がっていくのか、険しい道を上がっていくのか、北壁を行くのか、南稜を登るのか。どの道がふさわしいかはメンバーの力量によって違う。だからそれを見抜いて決めてやらなければいけない。しかし山を登り始めたら、あなたが手取り足取り導くわけにはいかないから、訓練したあとは本人に登らせるしかない」

ゴールを決めて、どの道を行くかを決めたら、あとはその人を信じなさい。チームメンバーはコンサルティング会社に入っているほどの人なのだから、信じていいんだという話でした。

私はこの話を聞いて、今までの自分の仕事のやり方は、根本的に間違っていたと思いました。私はまさに分割したタスクを与えていた。チームメンバーは最終的に何ができるかわからないまま、言われたからやっているだけでした。完成形がわかっているのは自分だけでした。

実際、私のやり方は、60枚ぐらいの報告書をつくるとしたら、あなたはこのページをこういうふうに埋めなさい、それにはこの統計と、このインタビューがあれば、おそらくこんなふうになるから、というものでした。

「一緒に働くと息が詰まる」と言われたのももっともだし、インストラクターから「あなたのチームからはあなた以上のものは出てこない」と言われたのも当然でした。

この研修から私は多くのことを学びました。この研修を機に、リーダーとは何か、人を育てるとはどういうことかを考え始めた気がします。

インテグリティを培う「お薦め本」

ユヴァル・ノア・ハラリ　『サピエンス全史 上・下』ほか

自分の思ったとおりにいかないとき、意思決定に揺らぎがあるとき、大きなストーリーを読んで、自分の悩みなど取るに足らぬものだと再確認し、元に戻れることがあります。ユヴァル・ノア・ハラリさんの『サピエンス全史　上・下』（河出書房新社）は、われわれは何者なのか、社会とは国とはどういうものかを考えさせてくれる本です。

「ホモ・サピエンスは認知革命のおかげで『ライオンは我が部族の守護霊だ』という能力を獲得した。虚構、すなわち架空の事物について語るこの能力こそが、サピエンスの言語の特徴として異彩を放っている」という記述が脳に焼き付いています。150人が、虚構がない集団の限界。「どうやって150人の限界を乗り越え、何万もの住民からなる都市や、何億もの民を支配する帝国を最終的に築いたのだろう？　その秘密はおそらく、虚構の登場にある。厖大な数の見知らぬ人同士も、共通の神話を信じることによって、首尾良く協力できるのだ」。集団を動かすには物語が必要ということです。

次に目を開かされたのは、「農業革命の結果、平均的な農耕民は、平均的な狩猟採集民よりも苦労して働いたのに、見返りに得られる食べ物は劣っていた。農業革命は、史上最大の詐欺だったのだ」「個々の人々には何も提供しなかった。だが、ホモ・サピエンスという種全体には、授けたものがあった。小麦を栽培すれば、単位面積当たりの土地からはるかに多くの食物が得られ、そのおかげでホモ・サピエンスは指数関数的に数を増やせたのだ」。集団を動かす物語は必ずしも私たち一人ひとりを幸せにするものではないらしい。

ユヴァル・ノア・ハラリさんは、次に『ホモ・デウス　上・下』（同）を著して「現在の科学の定説によれば、私の経験することはどれも、脳の中の電気的活動の結果であり、したがって、『リアルな』世界とは私には区別のしようがないバーチャルな世界をまるごとシミュレートすることは、理論上は実行可能」だという。映画『マトリックス』や『インセプション』の世界はもう目の前なのかもしれません。

レナード・ムロディナウさんの『人類と科学の400万年史』（同）は、科学を太古から人類が持っていた、身の回りの世界のことを理解したいという本能的欲求の表れとし、その観点から、人類の400万年を解き明かそうとしています。『人類の足跡10万年全史』（スティーヴン・オッペンハイマー著、草思社）も読んでおきたい本です。

第6章

次世代リーダーを育てるインテグリティ

部下に活躍の場を与える

リーダーの最も大事な仕事は次のリーダーを育てること

インテグリティのある人は、人を育てるのが上手です。逆にインテグリティのない人は、自分が組織を去ったあと、「やはりあの人がいないとだめだ」と言われたいのか、それとも「自分でやったほうが早い」と思うのか、どうも人材の育成を怠ってしまうところがあるように思います。本当はリーダーにとって最も大切な仕事は、次のリーダーを育てることなのです。

なぜならクライアントの経営幹部のジェネレーションも変わりますし、経営者も代わっていく。そうなればわれわれコンサルタントも交代していかなければならないからです。われわれに必要とされる「技芸」も、時代によって少しずつ変わってくるものですから、「これしかできません」ではやっていけなくなります。

ですから私は、私の最も重要な仕事は、業績を上げることではなく、次のリーダーをつくることだと位置づけました。そして2020年の1月1日付で、当時38歳だった関灘茂さんがカーニーの日本代表に就任しました。そういう意味では、次のリーダーをつくるという仕事は比較的うまくやれたのではないかと自分では思っています。

コンサルティング会社では社内での地位が「マネジャー」→「プリンシパル」→「パートナー（共同経営者）」というように、徐々に上がっていきますが、人材を育てるという観点から言えば、まずパートナーシップのメンバーすなわちパートナーをつくる。そしてパートナーをつくるためにはパートナーの予備軍であるプリンシパルをつくっていくという考え方になります。

パートナーを何年も務めていて、個人としてはよいクライアントをたくさん持っていて、個人の業績がどんどん上がっていったとしても、そのパートナーのチームのプリンシパルがパートナーになっていかないというのは、何らかの問題があると思います。

その点、私がカーニーに来てから、その前よりも、おそらく若い人がプリンシパルやマネジャー、パートナーになることが増えました。

かつてはカーニーはパートナーが変わらないと言われていました。パートナーになるまでの期間も長い。

「ここではパートナーになれない」と思った若い人はほかに行ってしまうということがあったようです。しかし学卒で入っても、あるいは他社から来てもパートナーになれるのであれば、若い人も入ってくるという、いい流れになっているのではないかと思います。

後輩や部下が輝ける場所をつくる

ビジネスのリーダーにとっては、次のリーダーをつくっていくことが最重要な仕事なのですが、そのために何をするかというと、自分が輝くのではなく、ほかの人を輝かせることです。具体的に言えば、「この仕事は彼が・彼女がやりました」と手柄を立てる、花を持たせる機会をつくっていくということです。逆に言えば、成功したら手柄を自分のものとしていたら、人はついてこない。

いわば、Make room for others to shine. ということです。

コンサルティング会社では、常にプロジェクトごとに新しくチームがつくられます。固定的な部があって、課があって、係があって、私は課長だからお前は部下だよねという関係はありません。そういう束の間のチームだから、「私はあなたの上司だよ」と言ったところで知れている。三カ月経てばバラバラになっているかもしれないし、関灘茂さんのように優秀な人がいたら追い越されてしまうかもしれません。

「ナチュラルチーム」をつくることができるか

ですから後輩や部下を育てるのも難しいところがあるのですが、私が重視しているのは「ナチュラルチーム」をつくることができるかということです。

「ナチュラルチーム」とは何かというと、たとえば懇意にしている社長から金曜日の夜の会食の席で「月曜日にこういう意見を聞きたい」と言われたとします。そのための準備期間は土日しかありません。自分一人で準備してもアイデアに限界はあるし、作業も間に合わない。(働き方改革ではこのようなことはご法度ですが、それはひとまずおいておくとして)そこで週末に私が連絡したら、3人くらいのメンバーがどこかに集まって、あるいはリモート会議で、一緒に手弁当でその仕事をしてくれる。それがナチュラルチームです。

「あの人は自分の評価をする人だから、頼まれたら土日でも行かなければいけない」というように立場に基づく関係は、ナチュラルチームと言わない。

目先の利害とは関係なく、その仕事を手伝ったからといって昇進できるわけでもないけれど、ちょっと面白そうな仕事だし、この人となら一緒にやりたいと言ってくれる。そういうナチュラルチームメンバーがいる人は、かなり有望だと思います。

ではどうすればナチュラルチームをつくれるかというと、Thought Leadership（自分の考え方を示すリーダーシップ）、そして全人格的な魅力がないといけないと思います。

そしてなんといっても、人を伸ばそうという気持ちがなかったらナチュラルチームはできないでしょう。先ほど人を育てるには「その人が輝く機会をつくる」ことだと言いましたが、これは簡単なことではありません。

チャレンジの場を与えても失敗するかもしれないし、その失敗のリスクは自分が取らなければいけない。たとえば自分がプレゼンテーションをやったほうが絶対に勝てると思うかもしれない。事実そのとおりかもしれません。しかしそのとおりだとしても、自分がずっとプレゼンテーションをやっている限り、一緒に働く部下が今以上に成長することはありません。

部下には今できること以上のことをやらせてみる

そうだとしたら、失敗してもいいからやらせてみるしかないのです。部下にプレゼンテーションをさせてみる。何かの交渉をさせてみる。

社長に怒られるかもしれないが、怒られるのは私が引き受けるというリスクを取ってでも、やらせるしかありません。もちろん一度目は失敗する可能性は高い。だから「のるかそるか」というときに任せるわけにはいきませんが、取り返しがつく範囲でならあえて失敗させてみるのも手です。

「今日は失敗してもいいよ。社長に怒られるかもしれないけれど、そしたら私が電話して謝っておくから」

と言っておく。失敗するかもしれないし、すぐには輝かないかもしれないけれど、機会を与えない限り絶対に成長しません。

人間は同じことをやらせていると育ちません。常に今できること以上の、少し背伸びしたことをさせる必要があります。

そしてだいたいの場合、それはほんとうの現場で経験させなければいけない。ですから今までやったことがないけれど、社長の前でプレゼンテーションするなどのチャレンジをさせることです。

そしてそのときの成功の手柄は、「彼が・彼女が頑張ったからです」というように、きちんとその人に花を持たせる。自分が助けたから成功したのだと言いたくなりますが、もちろん、そんなことを言ってはいけません。

若手に手柄を譲り、花を持たせることで、優秀な若手が自分を超えていったり、クライアントが若手のほうを向き始めたりすることもあるかもしれません。

「次から岸田さんは来なくていいから、今度は彼だけでいいよ」と言われるかもしれない。そんなときでも、「それはそれでいい」と思えなければなりません。それを言ったのが専務なら、自分は社長のことをケアするようにするとか、ほかの人ができないことをやればいい。

「仕事を奪われる」とか「クライアントを取られてしまう」という恐怖と嫉妬に勝たなければいけない。

自分を超えそうな人材こそを採用する

このことは採用の段階のときから意識しておくべきです。

よく若い人を採用するかどうかを社内で検討しているとき、評価の欄に「私の下で使えるイメージがあります」と書く人がいます。こういうとき私は、「君の下で使う奴なんて採らなくていいよ。君が勝てませんという奴を採るんだ」と言います。嫌な役目なのですが、今いる人を超える人材を採れるようになってきたら、それは会社としてはいいことでしょう。だから当人も若い人が自分を超えていく恐怖と嫉妬に勝たないといけない。

もっとも、当人よりも明らかに若い人を採るときはそれほどではないけれど、同等くらいの人を採用するときのインタビューのコメントに、「あっ、これは嫉妬がある」と思うときがあります。意識しているのか、無意識なのかわからないけれど、「この人を入れたら自分のポジションが危うくなる」と思っているのがわかるときがある。でもそういう場合はその人材を採用するほうが間違いなく、よいのです。

第5章で「情報やクライアントを共有すればパイが大きくなる」と言いましたが、人を育てるときも同じです。パイが大きくなれば、コンサルタント一人ひとりも昇進のチャンスが増えるのです。パイが同じであれば、常にピラミッドの大きさも同じだから、誰かが外に出ないとピラミッドの上には行けない。でもパイが増えたら、ピラミッドも大きくなっていくのだから、多くの人が昇進できる。

だから人を育てるということは、自分より素晴らしい人を見つけて、自分がリスクをとってその人に活躍の場を与え、輝かせるようにしていくということの繰り返しです。

次のパートナーを育成できなければパートナーを続ける資格はない

若手が育っていけば当然、役職も上に上がるわけですが、私たちはパートナーだけは

「昇進」ではなく、「選出」ということをします。

そしてカーニーだけではなくてどこのコンサルティング会社でもあったことですが、パートナーの選出に当たってよく起きることは、優秀なのにパートナーに選出するには「あと少し」と言われることです。

なぜなら、優秀なプリンシパルがいる限り、パートナーは自分がラクできるということがあり得る。優秀な人がずっとプリンシパルだと助かるという、そういう誘惑が常に働くのです。

それに下の人を育てるには、先ほども言ったように自分がかなりリスクも取らなければいけないし、プリンシパルがパートナーに選出されたら、今まで一緒にやっていた仕事を分割していくわけだから、その人がパートナーとして成功していけるだけの仕事量をつくって送り出していかなければいけない。つまり、自分のクライアントという財産を譲ることになる。したがって、このプリンシパルは優秀だけれど、もう1年待ったほうがよいと言いたくなる。

これを改善するには、「パートナーを選出したほうが偉いんだよ」というように変えなければいけません。「パートナーを何年もやっているのに、パートナーを育成できないならパートナーを続ける資格はない」ということにする。

今は、パートナーを再生産することができる人だけがパートナーとして残り続けることができる、というふうになっています。

38歳のリーダーを選んだ理由

私たちコンサルタントの世界は、いわゆる昇進のスピードが速いのが特徴かもしれません。日本の伝統的な大企業にはやはりまだ年功序列の名残があって、実力主義が徹底されていないところがあります。その点、外資系のコンサルティング会社では、パートナーに定年もないし、30代でも日本の代表になれる。

先に述べたように、関灘茂さんは38歳でカーニーの日本代表になりました。

「君はまだ若いから、もう少しプリンシパルをやれ」

と言っていたら、おそらく彼はスピードが遅くなったかもしれないし、ほかのファームに出てしまったかもしれないと思います。

彼が日本代表になったときに、彼より年上のパートナーの人たちには、「なぜ？」と思った人もいたかもしれません。

ちなみに私は以前から関灘さんを日本代表にしようと思っていて、彼を代表にしたわけではありません。ほかの人にも平等にリーダーシップを発揮する機会を与えました。

改革しなければいけないテーマはたくさんあったので、大きなテーマを渡して、それをどのように実行するかとか、ほかのパートナーや若いコンサルタントのフォロワーシップを得ながらやれるのかとかをずっと見ていました。

日本の会社でこれまで言われてきた「次の社長選びは社長の専権事項」ということはパートナーシップの会社ではあり得ません。パートナーとプリンシパルに「次の代表に必要な要件、資質は何か」を挙げてもらい、それに照らして「誰が適任だと思うか」の意見をアジア・パシフィックのリーダーと一緒に聴取し、それで最終的に決めました。

複数の候補者がいたこと自体とてもよかったし、彼らも支持を得たけれど、その中で「次の代表に必要な要件、資質」に従って関灘さんに決めたということです。

私と同じことをするのであれば、ほかの人でもできたと思いますが、関灘さんには新しいものを持ってこられるという期待がありました。コンサルティングの在り方が変わってきている今、変化をつくり出せる人が求められていたのです。端的に言えばテクノロジーでしょう。彼に期待する理由の一つは、テクノロジーの変化をコンサルティングの変革に持ち込めることです。

テクノロジーというのはその裏側に何があるかがすべてはわからなくても、感覚的に

「これを使えばこんなものができる」ということがわからなければならない。それが関灘さんは自然にできているということです。

関灘さんには、パートナーになってしばらくの間、小言のような助言もしました。それを端的に言えば、「自分ばっかり輝くんじゃない」ということです。

若いときは誰しも自分が輝きたい、活躍したい。その気持ちは人一倍よくわかりますし、輝いたからこそ、早くパートナーに選出されたともいえます。しかし関灘さんには、もうここまできたら自分が輝くのではなく、他人に光を当てる立場なんだよ、とアドバイスしました。

彼ももう、自分がすごいということを証明する必要はなくなったし、それだけではやっていけないということもわかっていると思います。

やはりある程度のポジションに来たら、「自分は素晴らしい」「自分はクライアントを獲得できる」「自分はクライアントをうならせる」ではなく、自分がそういう機会を人に与えて、次のリーダーをつくることに目標を移していかなければいけない。このことは若いうちから心に留めておいてほしいと思います。それがより高いインテグリティを持ったリーダーへの出発点でもあります。

「強み」を伸ばせば「弱み」が「弱み」でなくなる

人を育てるときに覚えておかなければならないのが、人間は人それぞれという事実です。人にはいろいろな得意技があるし、立ち上がりのスピードにも違いがあります。一律に決まった時間を与えて、「制限時間内にこれができないといけない」というふうにはしないほうがいい。

コンサルティング会社では2〜3年で区切って「アップ・オア・アウト（昇進できなければ退社せよ）」という方針を掲げるところがあります。私はそういう環境で育って、その信奉者でした。カーニーの日本代表になってもそれを推進しました。しかし、日本代表を務めていた最後のころには、「厳密なアップ・オア・アウトでなくてもよいのかな」と思うようになりました。アップ・オア・アウトを厳密に適用すると、そのペースで育つ人しか育たないし、できていないところを探すような「減点方式」になりがちです。人によって成長スピードも得意技も違うのですから、よいところを伸ばすほうがいいのではないか。

つまり欠点を叩くよりも、長所を伸ばすほうがいい。人間はよいところも悪いところもあります。しかし私たちは自分も含めて、人の短所はよく見えるけれど、長所はあまり目に入ってこない。だから往々にして「ここはダメだから、ここを何とかしなさい」と指摘してしまいがちです。

一人の人間の能力を六角形や八角形のレーダーチャートで表して、「あなたはここがよいけれど、ここが低い」と言って、点数の低い部分を伸ばそうとしますが、私はそこを指摘したところで、本人が萎縮するだけで、あまり意味がないと思います。

評価会議でも、「この人はここができない」という報告を聞くたびに、「それはもう何回も聞いてわかっているから、ことここをもっと伸ばそうよ」と言います。そうすることで何が起こるかというと、長所を伸ばすうちに短所があまり気にならなくなっていくのです。

面白いもので、人間というのは年をとっても、レーダーチャートの形そのものはあまり変わらない。個性というのはそれほど変えにくいのです。

しかし強いところを伸ばせば、相似形で全体的に大きくなる。ということは、平均より下だった部分も、いつしか人並みか、あるいはそれ以上になるということです。

この仕事は場数を踏めば、やはりそれなりに伸びるものです。ところが、「彼はこれができない」という噂があると、みんながその人を使いたがらなくなる。欠点を叩いているうちに場数を踏めなくなってしまう。でも「彼女はこれができる」と言うと、みんなが使いたがる。そうこうするうち、苦手だったこともできるようになるものなのです。

ところが苦手なところを伸ばそうとばかりしていると、時間がかかるし、本人にとっても苦痛だし、仕事も面白くなくなってしまう。だからどこかでやめてしまうのです。これはコンサルタントに限らず、あらゆる業種に共通することではないかと思います。

もちろん苦手を放っておくのも無責任ですし、ある程度、苦手を克服しようとするのは意味があることだと思います。それにやってみれば案外、うまくできるようになることもあるかもしれない。

しかし基本的に人の相対的な「強み」「弱み」は、そうそう変わるものではないと思います。これは私自身の経験から言えることです。

私は若いころから自分が受けた評価をずっと保存してありますが、常に「Communication（コミュニケーション）」と「Interpersonal Skills（対人関係構築力）」という項目の評価は高い点数を示していました。

一方「Developing Intellectual Capital（知財開発）」という項目はあまり高くありませんでした。

ほかにも「Working effectively with others（他人とうまく働ける）」という項目は、最初からずっと高かったと思います。それから、「Contributing to the firm（プロジェクト以外のことにも貢献する）」とか、基礎コンサルティング技術は、「並上」くらい。この形は何年経ってもほとんど変わりませんでした。もちろん立場が変われば評価の方法も変わるのですが、基本的なレーダーチャートの形はほとんど変形しないまま、何年もたってしまいました。

とはいえ、会社から「劣っているところを何とかしろ」とは、ほとんど言われた記憶がありません。当時のシニアメンバーは「彼はこれが得意なんだから、これを伸ばせばいい」と思って私を育ててくれたのでしょう。

最近はほめて伸ばすことの弊害も言われていますが、やはり人を育てる基本は長所に注目して、そこをほめること。そうやって人を育てることで自分自身のインテグリティも身についていくのだと、私は思います。

「社員からの評価が高い企業」第1位に選ばれた理由

「プロヴォカティブに考える」ことに価値があるコンサルティング会社にいると、忌憚のない意見を言われることに慣れっこになります。若い人でも私に対して忖度などせず、

「岸田さん、間違ってますよ」

と平気で言います。それで私がどういう反応をするかを見ている。痛いところを突かれ

て、感情的になり、

「うるさい、私の言うとおりにすればいいんだ」

などと怒鳴ったりしたら、彼ら、彼女らはついて来なくなるでしょう。

なぜなら私は、「肩書きや役職にとらわれず、言いたいことは言ってくれ」とずっと言っていたからです。たとえば部下からメールが来ます。冒頭に「アソシエイトの山田です」というように、自分の名前の前に社内での肩書きが書いてある。私はこれをやめようと言いました。

なぜなら「アソシエイトの○○です」と名乗るたびに、「自分はアソシエイトだ」と自覚することになります。それが「アソシエイトなのに、こんな発言をするのは差し出がましいかもしれない」という自己規制につながるかもしれません。つまり肩書きで自分を規定してしまうことがあってはならない。

だから「プロフェッショナルファームでいちばん評価されるのは、肩書きに関係なく、いちばんよい意見を出した人なんだよ」と言っています。一方、シニアなメンバーには「チャレンジ（よりよい提案、異議申し立て、説明の要求）を許せ。でもチャレンジには勝たなければいけないよ」と言っています。負けたら負けたと認めればいいけれど、上司ならば、チャレンジに勝てるくらいの見識がなければいけない。

そういうふうにいつもみんなに言ってきた以上、私もみんなからチャレンジされることになります。その結果として、言い負かされることもあります。それでも「議論をしたおかげでよい意見になったね」というふうにならないと、コンサルティング会社は動かせません。

「会議が始まる前よりも、いい結論を得て会議室を出なさい。そのために議論が必要です」

会議を始める前に結論が決まっていて、それを伝達するだけだったら、その会議に価値はない。わざわざ集まらなくても、決定事項をメールで知らせるとか、録画・録音しておいて流すとか、そのほうがいい。

といつも言っていましたが、言えば言うほど面倒くさいことになります。「それくらいわかってくれよ」と心の中では思うことはありますが。

言い出したのは自分ですから、チャレンジされたらていねいに議論に付き合うしかない。ですから日本時間で夜の8時30分に終わるはずの会議が、10時30分までかかることもあるし、延長戦で土曜日にやりましょう、となることもあります。

若い人が言いたいことを言えるのは、会社にとっていいことばかりです。

実はカーニーは、ダイヤモンド社の「社員からの評価が高い企業ランキング」の第1位に選ばれました。就活生の2人に1人が利用している社員クチコミサイト「OpenWork（オープンワーク）」の協力を得て作成したものとのことです。

2021年の3月に発表されたのは、2015年の9月から2020年8月までに寄せられた社員のクチコミによる総合評価点ということです。

私がうれしかったのは、社員からのコメントに、まさに「役職によらず自分の考えを発信でき、受け止める側も真摯に受け取って議論してくれる風通しの良さがある」というのが入っていたことです。マッキンゼーやボストンコンサルティンググループ（BCG）を抑えて1位になったということもうれしいけれど、そのコメントのほうがうれしかった。そういう風通しのいい会社になっていると実感できました。

日本企業は江戸時代の「藩」、自分は脱藩者

しかしカーニーが「風通しのよさ」を理由の一つに「社員からの評価が高い企業ランキング」で第1位ということは、ほかのコンサルティング会社はプロヴォカティブな意見表明が許されることが少ないのではないでしょうか。われわれコンサルタントですらそうなら、事業会社ではますますそういう議論は難しいのではないか。これが日本の会社の多く

が、グローバル競争力を失っている原因の一つだと思います。

私は日本の会社の多くはいまだに江戸時代の「藩」だと思っています。しかし江戸から明治に変わるころを振り返ってみても、維新を導いた雄藩と言われるところは、藩の中に活発な、時には流血をともなう下剋上があった。それこそが日本を植民地化から救うことにつながったのではないかと思います。

日本企業が江戸時代の「藩」だと思ったのは、経営コンサルティングの世界に足を踏み入れて、数年たったころのことです。会社にいる人たちは会社の掟に従って行動することを求められ、逸脱が許されない。そういう意味では、今の日本企業の多くも、「藩」と何ら変わるところはありません。

経営コンサルタントを長くやっていると、幅広い業種と付き合うことになりますし、同じ産業の中でも複数の会社と働くことになります。それに比べると、ビジネスパーソンの多数は学校を卒業して4月1日に入社してからほとんどの職業人生を一社で過ごすことになります。転職が一般的になったとは言え、ほかの会社を知る機会はあまり多くありません。だから疑問を持たないのかもしれませんが、外部からみるとその内情はあまりにも旧態依然としています。

幹部になれるのは、ほぼ日本人の男性のみ。本人たちが標準語だと思ってしゃべっている言葉には、その会社の中の人間にしかわからない言葉遣いが多々ある。方言をしゃべっているようなものです。

中途入社（という響きがそもそも差別的ではありますが）、女性、海外法人に入社した日本人でない社員には、いわゆる〝プロパー入社〟の男性社員と同等の活躍の場が与えられていない。そして、会社を辞めた人間は「脱藩者」であり、二度と会社に戻ることはできません（少し変わりつつありますが）。

このあり方は、大学を卒業するときに周りの同級生が入社するような「藩」に入ることのなかった私には、奇異なことに思えました。この感想をコンサルタントとして働いた会社の方に伝えると、

「はっはっは、岸田さんは最初から脱藩者だからね」

という言葉が返ってきたこともあります。

「そうか、私は、そもそも脱藩者としてキャリアをスタートしたんだ」

と私自身は誇らしく感じましたが、その人がどんなつもりで私のことを「脱藩者」と言ったのかはわかりません。

しかしそれから20年のうちに、転職はより一般的になったし、女性の幹部を目標を決めて増やそうとしている会社も多くなってきました。入ったのが海外の子会社である非日本

人であっても、幹部に登用する会社も出てきました。「多様性」は流行語になっています。それでも日本の政治の世界とビジネス・コミュニティーは、世界の中でも目を見張るほど多様性の低い社会です。

森発言「女性は話が長い」が示す別の問題

東京オリンピック・パラリンピック競技大会組織委員会の会長だった森喜朗氏が、「女性がたくさん入っている理事会は時間がかかる」という発言をして失職した出来事がありました。女性はわきまえないで意見を言う。女性同士がお互いをライバル視するので1人が発言すると皆、自分も負けじと意見を言うので長くなる、といったことを発言しました。「女性は空気を読まないので発言が長い」ということも、「女性は女性をライバル視する」ということも、どれも事実として確認されていない、偏見に基づく発言である点で問題であり、失職は当然でしょう。

しかし私は、森発言は女性蔑視以外にも、日本の社会に巣食う大きな問題を呈していると思います。それは「議論が活性化して会議が延びるのは迷惑だ」「そもそも異論を述べたり、新たな視点を呈したりするのは歓迎されていない」ということです。つまり森発言の中の「女性」という言葉は、「忖度しないヤツ」に置き換えることができる。

森氏の発言を聞いた同席者の中には、お追従笑いをした男性が少なからずいたといいます。この話を聞いて、過去30年にわたって代表的な日本企業がグローバル市場の競争の中で地位を失ってきた理由を再確認したような気がしました。

日本では会議が長引くことが歓迎されません。そもそも議論をすること自体がタブー視されているところがあります。ある人の意見に異を唱えると、その人への攻撃だととられてしまう。だから会議で意見を戦わせるということはほとんどありません。会議の場では黙っていて、廊下に出てから「俺はあれは違うと思ってる」とこっそり耳打ちしてきたりする。

なぜ議論が起きないのかを考えてみると、実は他者を尊重していないからではないかとも思います。議論は起きないけれど、同調圧力は強い。だから一見平和に見えるという皮肉な現象が起きているというわけです。

日本人の美徳と言われていることは確かにあります。東日本大震災の後に暴動が起こらなかったし、公共交通機関が復旧したときも、黙って列をつくり順番を守っていたこともそうでしょう。

しかしそれとは裏腹に、「空気を読め」「出過ぎたまねをするな」「わきまえろ」という同調圧力が強い社会であることが、社会の進展、イノベーション、新陳代謝を妨げてきたのではないでしょうか。

日本人は「お上には逆らってはいけない」と習って育ちますが、この弊害は甚大です。そもそもお上は賢いという保証もないのに、権力を振りかざすことが大好きです。私は、「お上」という言葉が大嫌いです。だいたい、お上と言われる人たちも嫌いです。

そして、「お上」はそういうことが好きな人を、磁石のように吸い寄せます。これは、政治家や中央官庁だけではありません。誰もが知っている伝統的な財閥系の中心的会社も同様です。かつては都市銀行もその類でした。本人の実力、見識が問われる前に、「私は政治家である」「中央官庁の官僚である」「XX銀行である」「YY商事である」と所属組織の名前で仕事をします。だいたいは、それを取ったらたいしたことのない人たちばかりでした。

さらに、お上は絶対に責任を取りません。取れないとも言えます。なぜなら、その中身は実は何もないからです。空気です。空気に支配されている。それが森問題の本質です。一日も早く、この空気に支配されることから脱出しなければ、日本は滅んでしまいます。

多様性とその受容が新陳代謝を促す

今、日本の会社は世界のトップ100に入れなくなっています。新陳代謝が遅いため、時代に取り残されているのでしょう。

グーグルはまだ創業してから20年ですが、今やあれだけの大企業です。世界のトップ100に入る企業は変わり続けています。たとえばジョンソン・エンド・ジョンソンはずっとトップ100にいるけれど、中身が変わっています。日本の会社はトップ100から押し出されつつあるうえに、かろうじて残っている顔ぶれを見ても、やっていることは20年前から変わっていません。

もっと盛んにスタートアップが生まれて大きくなる社会にならないといけないでしょう。楽天はかなりのところまで大きくなったけれど、この数十年、日本ではこれと言って新しい企業が生まれていません。たまに新しいことをしようとする会社が出てきても足を引っ張る。大企業と協業しても必要なサポートは得られず、逆にスピードは鈍る。

その一方で沈んでいく大企業に大勢の人がしがみついて、なかなかそこから出ようとしません。本当は新しいプレイヤーがどんどん出てきて、ダメな企業は分割されたり、吸収されたりして消えていくべきです。そうなると今の藩にしがみつく必要がなくなります。新しい藩が出てくるならそこに行けばいいし、自分が藩をつくってもいい。

新陳代謝を促すための第一歩が、多様性とその受容です。みんな同じであることを求められる同調圧力に屈せず、むしろ他人と違うことを面白がる、楽しむ姿勢が必要です。日本社会では多数派と違う意見や視点を持つことが歓迎されません。とくに組織の上層部の意見と異なる見解を述べることに対する忌避感が強いため、そういう人が現れると組織がアレルギー反応を起こして、その人を中心から周辺へと遠ざける傾向があります。そういう会社を多く見てきました。もちろん、そうではない会社もありますし、社長が代わって、そういう会社になってしまった例もあります。

異物が中に入らないようにしようと考えるのも、わからないことではありません。異物を外に出そうとするのは自然な営みとも言えます。私自身、最初からこんなふうに考えていたわけではないし、できれば同質な集まりのほうが心地いいに決まっています。小学校のころ、転校生がクラスに入ってくるのは心地よくなかったのを覚えています。しかし、純粋培養の環境で育った人間は、現実の世界で生きる力が弱いというのは、多くの人が首肯するところでしょう。

性別、国籍の多様性を叫ぶ前に、違う意見を表明する者、違う視点から物事を捉える人がいることを良しとする組織風土にしていくことです。そうでなければ、仮に女性や非日本人を増やしても、多様性の目的の大切な部分を達成することはできません。

リーダーが「残念な現実」を肯定してはいけない

これからの時代は多様性を推進できることが、インテグリティの必須の条件です。そういう意味で言うと、森喜朗さんはインテグリティのない人の代表だと言えるでしょう。

コンサルティング会社は実力主義なので男女の性差は評価にまったく影響を及ぼしませんが、それでも活躍してほしいと思っていたマネジャーが「ワークライフバランスを保つのが難しい」と辞めることがあります。

日本社会全体を見てみると、女性が活躍するためのハードルが高い。子供を預けるところが少なかったり、預けられる時間も限られていたりします。

シンガポールならナニーが住み込みで子育てをサポートしてくれたりするけれど、日本の住宅事情からしてそんな部屋の余裕はない。「だから女性は大変なんです。大変だから、男性と同じに扱えないのはしょうがないよね」ということになってしまっている。確かに大変だから、ハードワークに耐えて昇進するより、安定していてそこそこの給料が得られる仕事を選ぶ女性もいるのでしょう。

そうだけれども、「それでいいのか」と私は思います。それは本当に目指す社会なのか。

ダイバーシティとインクルージョンは、二つの理由から実現すべきです。

一つはヒューマニティの観点から、平等があるべき姿だから。そしてもう一つはプラグマティック（実際的）な理由で、男女平等が実現できている国や企業のほうが、明らかに業績がいいからです。鶏と卵の関係のようなもので、女性が活躍するから成績がいいのではなく、成長している会社だから女性活躍ができるようになったのかもしれないけれど、少なくともそういう国や企業のほうが業績がいいのは事実です。

日本では「昇進を望まない、責任を負いたがらない女性の側にも問題がある」などと言ってしまいます。でもその問題をつくり出したのは男社会でしょう。「女性にも問題がある」と言うのは、「現状を変える気がない」と言っているに等しい。

私はカーニーでは新卒を採用するとき、本当は男女半々で採用したかったのですが、なかなか女性が5割に届きませんでした。というのも、外資系コンサルティング会社が採用するのは結果としてマジョリティは東大卒です。京大、一橋、東工大、早稲田、慶應を加えるとほとんどと言ってよいでしょう。

このこと自体も問題かもしれませんが、もともと東大には2割しか女性がいないために、女性の採用を増やすのが難しかったのです。

でも私は「全体の半分が難しいなら、4割は女性を採用しようよ」と言っていました。そうなると「女性枠」があるのかという話になりますが、それは女性枠を埋めるためなら評価が低い人でも採るということではありません。何百人も採用するわけではないのだから、本気で探せば採用できるはずだという意味です。

コンサルティング会社は激務だと言われているので、女性のほうから就職先として敬遠されがちです。これも変えなければいけないことの一つでしょう。

逆に、一般企業では試験の成績のいい順から採ると女性が多くなるので、男性に下駄を履かせないといけないとも言われています。

2018年、東京医科大学では入試の際に、女子の受験者を一律に減点していたことがわかりました。女性は大学を卒業して医師になっても、結婚や出産で仕事を辞めてしまうから、教育しても割に合わない。だから最初から数を調整しておくのだという弁には、開いた口がふさがりません。仮に現実がそうだとしても、そういう社会を変えようと誰かが言わなければ変わらないでしょう。私は、それは指導者、リーダーの仕事だと思います。そうでなければ指導層に就くべきではありません。

女性差別のほかに、外国人への差別もあります。多くは気にしなくなりつつありますが、日本人を大事にする。

また中途採用で入社したあとにスペシャリストとして活躍する人は多いけれど、将来経営者になるような幹部コースに乗れるのは、大学を出た年の4月1日に正社員として入社した「プロパー社員」だけ、という会社はいまだに少なくありません。

お金持ちの子しかお金持ちになれないという社会も、どうにかしなくてはいけないでしょう。東大生の親には東大出身が多いし、親の年収も高い傾向が強まってきています。これは格差の固定化に結び付く大問題だと思っています。

リーダーは社会のあるべき姿として、ダイバーシティ（多様性）、イコーリティ（平等性）、インクルージョン（包摂性）の頭文字をとったDEIを考えなければいけない。自分の会社でできることと、自社だけではできないことがありますが、社会のリーダー層として社会を変えようとすることが、リーダーとしてのインテグリティの一部だと思います。

ポリティカル・コレクトネスの理由から取り組むのに抵抗があるなら、「女性や外国人が活躍したほうが儲かる。だからそうする」でもかまわないと思います。

野田智義・金井壽宏『リーダーシップの旅』ほか

私は2015年からNPO法人アイ・エス・エル（ISL）という次世代リーダー育成塾のゼミ・ファカルティとして、毎年企業が派遣する幹部4名を「半年後に社長に就任する」前提で、自社の経営構想と社長就任演説を練り上げるのに伴走しています。ISLの主宰者の野田智義さんが神戸大学大学院の金井壽宏教授と著したのが『リーダーシップの旅 見えないものを見る』（光文社新書）です。私がゼミ・ファカルティを引き受けたのも野田さんに不思議な魅力を感じたからで、それは彼のリーダーシップなのかもしれません。

「リーダーシップは『見えないもの』を見る旅だ。ある人が、『見えないもの』、つまり現在、現実には存在せず、多くの人がビジョンや理想と呼ぶようなものを見る、もしくは見ようとする。そして、その人は実現に向けて行動を起こす。世の中ではよく、リーダーはついてくる人（フォロワー）を率いる、リーダーシップはフォロワーを前提とするなどと言われるが、私はそうは思わない。旅はたった一人で始まる」。野田さん自身がそれを体現しています。

「リーダーシップとマネジメントはどう違うか」という質問への答えは「第一点目は、『見える』か『見えない』か。リーダーは『見えないもの』を見て、あるいは見ようとして、新しい世界をつくりだすのに対し、マネジャーは『見えるもの』を分析し、それらに受動的もしくは能動的に対応しながら、漸進的に問題を解決していく」「第二点目は、『人としての働きかけ』か『地位に基づく働きかけ』か。「第三点目は、『シンクロ（同期化）する』か『モティベートする（動機づける）』か。」カーニーの石田真康さんは日本に民間の宇宙ビジネスを立ち上げようとしていて、私は彼にリーダーシップを感じていました。

この流れで一冊薦めるとすれば、出口治明さんの『座右の書『貞観政要』——中国古典に学ぶ「世界最高のリーダー論」』（角川新書）です。その中に「三つの鏡」を大事にする、が出てきます。一つ目は銅の鏡で「部下が自然についてきてくれるような〝いい表情〟をつくれているか」。二つ目は歴史の鏡で「将来に備えるための教材は、歴史（過去）にしかない」。そして三つ目の鏡は人の鏡。「耳に痛いことを言ってくれる人がいなければ裸の王様になる」。これは野田さん的に言えばマネジメント論ですね。高揚感がほしいときには、マイケル・アブラショフという元米国海軍の駆逐艦艦長が書いた『アメリカ海軍に学ぶ「最強のチーム」のつくり方』（吉越浩一郎訳・三笠書房）を読むのも悪くないと思います。

第7章

インテグリティを培う

歴史に学び、「学び方」を学び続ける

大事なのは「学び直す力」「学び方を学ぶ」こと

この章では、インテグリティの培い方として、常に学び続けることの大切さと、その具体的な方法について述べてみたいと思います。

今、世の中は急速にデジタル化が進んでいます。おそらくこれからの時代は、現在の多くの仕事が人工知能（ＡＩ）に取って代わられるような時代になるでしょう。私たち同時代のビジネスにかかわるすべての人は、自分自身の存在意義を変えていかなくてはなりません。

テクノロジーに使われる側になってしまったら、そのときはもうお払い箱です。そうなりたくなければ、かなり再教育的に自分を変革するしかありません。

自分自身の存在意義を変えるためには、明日、来年と、どのくらい自分を変えておくかを今すぐ決めるくらいの決意が必要です。

大事なのは、常に学び直す力をつけることと、そして学び方を学び、マスターすることです。

それではいったい何を学べばいいのか。私は今からの時代は、語学と歴史と、それからビジネスパーソンであれば、できれば経済学。テクノロジーのアップデートを怠らないようにすべきだと思います。

テクノロジーというのは、なにも最先端のプログラミングができなくてもいい。ただしデジタル化で世の中がどう変わるかというようなことは、刻々と移り変わっていきますから、その道の専門家になるわけではなくても、学び直していかなければいけない。

語学で言えば、英語は絶対に重要です。たとえば『ファイナンシャル・タイムズ』『エコノミスト』などの新聞や雑誌、すぐに翻訳書が出版されるようなベストセラーの経営書などは、ダイレクトに英語で読んだほうが早い。原典が英語で書かれているものは英語で読んだほうがいいと思うし、自分もなるべくそうしたいと思っています。時間がかかってしまうけれど、慣れると早く意味がつかめるようになると思います。

変わる側にいるほうが勝率は確実に高い

これからの時代がどのように変わるのか、現時点では予測もつきません。しかし大きく変わらざるを得ない理由の一つが、新型コロナウイルスの流行です。

今までは会議室に集まっていたのが、自宅にいながらオンライン会議システムを使うようになったり、自宅勤務が増えたことで毎朝オフィスに行かなくてもよくなったりと、大きな変化が起きています。こうなると、今まで当たり前にやっていたけれど、実は意味のない仕事も発見されたりする。

たとえば自粛期間中、お年寄りが新型コロナウイルスへの感染を恐れて病院に行かなくなったため、病院の経営が苦しくなったというニュースを耳にしました。

ということは、今まではそれほど急を要する病気でもないのに、お年寄りが時間つぶしに病院に行っていたということになります。そういう患者さんがいなくなったので、それで病院が成り立たなくなるというのは、元々システムがおかしかったということになるでしょう。

一方で、スポーツとか、エンターテインメント、芝居というものが不要不急と言われたけれど、なくなってしまう体験をしたことで不要ではないということもわかったと思います。そういうものがないと、人は楽しく生きていけないと多くの人が再確認したのではないでしょうか。

そしてレストランやカフェ、映画館や劇場では席と席の間隔をあけるようになりました。これはお客さんが半減することを意味します。このままでは経営が成り立たないことは考えるまでもありません。こうなれば一人当たりの客単価を高くするか、もしくは賃料を下げてもらうしかない。そうすると東京の地価は下がっていかないと、ビジネスの生態系が成り立たないということになります。一方で、この変化の中で業績を伸ばす企業もある。

このような大きな変化が起きるであろうことが予想される現在は、世の中全体のデザインをし直すチャンスでもあります。もちろん、そこには犠牲者というか、今まで稼げていた人が稼げなくなるということもあるのだけれども、「そもそも、こうだったんじゃないの」というような根本的な議論がしやすい時期だとも言えるでしょう。

おそらく今後はますます「変化が常態」の時代に突入します。そうだとしても、変化に流されるままではいけない。どういう変化が望ましいかということは表明していかないといけないでしょう。

同じ変わるのであれば、大きな流れに巻き込まれる側にいるよりも、自分が皆を巻き込む側に回ったほうがいい。変わる側にいたほうが常に勝率は高い。先に動いたからといって勝てるとは限りませんが、追い込まれて後退するよりはずいぶん有利です。

読書によって教養、知的雑談力のベースをつくる

常に変わる側にいたほうが勝率が高いということで、私たちがいちばん心がけるべきな

のは、常に学び直す姿勢です。

数年くらいの期間で一から学び直す習慣を持っている人は、これからの時代、強いと思います。

社会人が学ぶときの代表的な手段が読書です。常に学び直すためには、読書の習慣をつけることは必須でしょう。

コンサルタントがまさにそうなのですが、仕事によっては、若い人であっても、自分よりも20歳くらい年上の人ともまともな話ができなくてはなりません。読書によって知的雑談力のベースをつくっておくことが必要です。

そこで重要になるのが「何を読むか」ということですが、私は自分と同じ意見の本や、自説を補強する本ばかりを読むよりも、自分とは異なる意見が書かれている本を読むべきだと考えます。もちろん反対の意見を目にするのはあまり愉快ではありませんが、不愉快な状況での頭の中の議論というのは、大きな学びになるものです。

私自身が何を読んでいるかというと、ビジネス書の類（この本もそうですが）や世の中で売れている本は、部屋に積み上がっているものの、あまり読まなくなりました。なぜならそこに書いてあるようなことはプロジェクトの中で実際に扱うことが多い。本を読まずともリアルな実例で学べるからです。もっと若いときは実務に携わる必要があったので、そういうものもよく読みましたが。

現在はいろいろな本を読むけれど、そこに何かポリシーがあったほうがいいと思っています。たとえば自分なりにテーマを決めて、それを研究してみる。私のライフワークの一つは、村上春樹さんと大江健三郎さんの研究です。この2人の作家の作品は何回も読み返していますが、常に新しい発見があります。

作品が発表された年代順にもう一度読む。小説だけでなくエッセイや対談も読む。村上春樹さんは海外小説の翻訳も数多く手掛けていますから、その翻訳はもちろん、原著も読む。さらには村上春樹研究の本も読む。

大江健三郎さんは高校から大学のころにかけて熱中し、その後遠ざかっていましたが、最近また最初から読み始めています。こんなことをしていると、いくら時間があっても足りませんが、こんなふうに本を読むのは、過去を整理し、未来を考えるということにつながっていきます。

経営者の中には、塩野七生さんや司馬遼太郎さんを愛読書に挙げる人が多いのですが、私はそれらも読みます。とくに塩野七生さんの本は西洋の歴史の勉強にもなる。やはりグローバル企業では、西洋の歴史やキリスト教の考え方を知らない限り、きっちりした仕事はできません。西洋を理解したいと思ったら、塩野七生さんがライフワークとしているギリシャやローマ、そしてキリスト教の世界を理解していないと、そこから発展する文化的背景が理解できない。欧米人のものの見方や発想を理解するためにも、教養としてこれらの本を読んでおくことをお勧めします。

仕事以外の趣味を持ったほうがいい

パルコにいたころ、セゾングループの中で出会った人の中には、やはり多趣味な人が多く、20代、30代での彼らとの出会いは私に大きな影響を与えています。

その中でも西武百貨店とそごうを傘下に置いたミレニアムリテイリングの常務でのちにパルコの副社長になった森川茂治さんとは今でもお付き合いいただいていますが、彼と話すことで、いろいろな角度から刺激を受けました。森川さんは歴史の話もできるし、美術の話もできるし、数学の話もできるし、落語の話もできるという人。さらに「おそらくこれからの世の中はこうなっていくだろうね」という意見もあって、話していると、大きな刺激を受けるのです。森川さんは誰かに忖度することもなく自立していた。やはり自分で物事を考えられるインテグリティのある人だったからでしょう。

私が50歳になる前くらいに、森川さんと話をしていて、こんなことを言われたことがあります。

「60歳ぐらいで一線を退いたあとに、何か趣味でもやろうと思ってやってもうまくいかないよ。50歳になったら1年に一つずつ、一生続けられる趣味にトライしたほうがいい」

1年に一つずつというのは、一度にたくさんのことをやり始めると、とっちらかってしまうから。1年に一つ、自分で掘り下げられそうなものを取り上げて、とりあえずやってみる。1年目でけっこうやれるのであれば、それに続けて、2つ目を足してみる。リタイアまでに10年猶予があれば、3つくらいは、本当にこれが趣味だと人に言えるようなもの、その世界でちゃんと仲間と交われるようなものができている。

逆に言えば、そういうふうにしておかないと、60になって趣味を始めますと言っても、お仲間は誰もいないよと言われました。

では具体的には何から始めるかと言えば、20代のころにかじっていたことがいい。若いころはお金もないし、時間もないから、そのままにしているものがある。そういうものから始めたほうが、とっつきがいいと教えてくれました。私が大型バイクに乗り始めたのは、こういう理由もあるのです。

そういう意味では、20代、30代のうちに、何か仕事以外のことに触り始めておいたほうがいいと思います。おそらく若いときは、本当に時間もお金もないから、なかなか突き詰められない。突き詰めるというレベルまで到達するには、お金がないとできないことも多いものです。

仕事ももちろん大事ですが、ぜひ本格的に人に誇れるようなレベルの趣味を持ってほしいと思います。よく「趣味は読書と音楽鑑賞です」と言う人がいますが、同じ読書といっても年間300冊読む読書なのか、年間に10冊ぐらい読む読書なのかでは全然レベルが違うでしょう。趣味に真剣に打ち込むことは、インテグリティを養ってくれるのです。

「仕事を忘れる時間」を持つことも大切

趣味に実益を求めすぎるのもよくないと思いますが、仕事以外にも夢中になれることがあると、自分を救ってくれます。

基本的に、仕事というのはうまくいかないことが多いものです。傍目からは順調に見える人でも、問題を抱えていたり、失敗して悩んでいたり、葛藤を抱えていたりする。だから人生で仕事しかしていなかったら、精神を病みかねません。

私がバイクに乗っていたのは、2時間か3時間、バイクに乗っていると、その間だけは仕事のことが頭から抜けているからです。もちろん家に戻ってくると「ああ、まだあのことがあったんだ」と思い出すけれど、たとえ数時間だったとしても、完全に忘れたということが、心身の健康を保つにはいいのです。

村上春樹さんの本を読むこともそうです。彼が描くのは、表面的には現実とは違う世界であることが多い。その中にひたりきって出てくると、2時間前、3時間前に行き詰まっていた自分とは違う自分があるのです。

仕事をしていたら、悩むのは当然です。それは人間関係かもしれない。相手が理不尽なことを言ってくるかもしれない。自分の能力が及ばず、失敗したりミスをしたりすることもある。だけれども、何時間もそのことを考えていても仕方がありません。とくに土日は、月曜日にならないと何もできないのだから、考えるだけ無駄です。だからそのときは違うことをやったほうがいい。

人間の頭は面白いもので、ずっと悩んでいたら、どんどん自分を精神的に追い込む方向に考えてしまうけれど、たとえ2時間でも違うことを考えることができれば、改めて健全な判断ができる。自分自身を離れて俯瞰すると、悩んでいた問題も意外に大した問題ではないと思えるものです。

また、趣味を通じて、仕事関係以外のコミュニティが持てるというのも素晴らしいことです。仕事に直接関係ない人たちが公私にわたって助けてくれることは、けっこうあります。

趣味の仲間が、仕事で助言をくれたり、誰かを紹介してくれたりということもあるけれど、やはりその人たちと過ごすことによって自分がリフレッシュすることの価値は計り知れません。それに仕事関係の人とはまったく違うものの考え方に触れることは、人間の幅を広げてくれる。「ああ、そういう発想があるんだな」という発見が、自分の仕事の考え方、アイデアに戻ってくることは少なくありません。

とくに私たちコンサルタントが仕事で会うのは、大企業のサラリーマンとして成功して社長になったという人がほとんどです。そういう意味では、みんな似たもの同士の狭い世界です。

その点、中堅中小企業の創業者みたいな人は、何でも自分で決めて、自分で責任を持つわけだから、もうちょっと違う考え方をすることが多い。そういう人の話は、大企業の社長とはまた違うリアルがあって非常に勉強になります。そういう人とどこで知り合っているかというと、近所の飲み屋だったりする。それはそれで面白いし、インテグリティを養うには欠かせないことだと思います。

歴史を学び、歴史観を持つことが重要

先ほど、これからは語学と歴史を学ぶ必要があると言いましたが、なぜ歴史を学ぶべきかと言えば、過去を知ることで、未来が予測できるようになるからです。

「歴史は繰り返す」という言葉がありますが、実際に繰り返すわけではありません。しかし、人間の営みは一定の幅の中での振り子のようなところもあります。だから歴史を知っていると、それを現在に当てはめることで、ある程度先行きを予測できるようになる。それには歴史の大きな流れをつかむことです。一つひとつの小さな出来事はさざ波のようなものだから、あまり気にしなくていい。それより長期的に続く大きな波を意識することです。

今は先が読めない時代ですから、そういう「歴史観」というか「大局観」のようなものが自分の「物差し」になるはずです。

「歴史は繰り返す」という意味では、私は近い将来、資本主義というものが変わると思っています。と言っても資本主義から社会主義に変わるわけではなく、資本主義に修正が加わると思っているのです。

なぜなら過去の経緯を見ていると、資本主義というのは常に修正されてきているものだからです。たった一つの資本主義があって、それが一方向にだけ発展しているわけではないのです。

現在でも国や地域によって、複数の資本主義が同時に存在しています。イギリスやアメリカのアングロ・アメリカンのキャピタリズムでは、「会社は株主のものだ」という考え方が特徴的ですし、同じヨーロッパでもフランスやドイツで考えられている資本主義とはまたちょっと違います。政治形態としてもフランスはけっこう中央集権だし、エリートが国を治める傾向が強い一方、労働者の団結が強く、社会主義的な面もある資本主義です。ドイツもやはり社会の連帯やソリダリティー（結束）が強く、労働組合も強い力を持っている資本主義です。このように多様な資本主義が存在します。

1980年代ぐらいからリーマンショックがあった2008年くらいまでは、アングロ・アメリカン・キャピタリズムの勢力が強かったと思います。

たとえば今、私たちはわりと普通に「会社は株主のものである」と言っていますが、もともと日本の資本主義はそうではありませんでした。

コンサルティングも投資銀行もグローバリゼーションで拡大

それが変わったのは、70年代にシカゴ大学のミルトン・フリードマン教授が提唱した、「会社がめざすことは株主の利益の最大化だけである」という考え方によります。フリードマンは「株主の利益を最大化するためには、企業の経済活動をもっと自由にするべきだ」というようなことを主張して、それが支持されたのです。

それ以前にケインズの経済学では、政府が市場に介入して、社会福祉に関わるべきだという考え方が主流でした。しかし、それがある意味で行き詰まっていたところでもあったので、そのミルトン・フリードマンをリーダーの1人とする、今日のキャピタリズムが支持されるようになったのです。それを実行したのがアメリカのレーガン政権やイギリスのサッチャー政権であり、それぞれの行き詰まっていた国を立て直すことができた。日本でも中曽根康弘首相が構造改革を進めたことによって、動脈硬化的になっていたJRを立て直したという経緯があります。

しかし一方で、このキャピタリズムは貧富の差を大きく開いていくことになりました。89年にベルリンの壁が崩壊し、社会主義ブロックが崩壊すると、グローバリゼーションが始まります。グローバリゼーションとはヒト・モノ・カネが自由に動くことだと言えば聞こえがいいけれど、一番その恩恵を被ったのは資本家です。

人件費の安い土地で人を雇い、そこで商品をつくって、一番高く売れるところで売るというように、お金を一番効率的に動くところで動かせるようになった。市場としての範囲も広がった。それで80年代のレーガンとかサッチャーという人がいて、それまで株式というのはそれほど上がらなかった期間があったのに、それから株式がまた上がるようになった。

ビジネススクールの授業で、80年代の前までは、株式は死んだ、投資銀行に就職するなんてつまらないことだ、と言われていたと聞きました。しかし80年代にレーガン、サッチャーが現れてから、あらゆる市場を自由にする改革の中で株価は上がってきて、投資銀行というところが高給を得られるという点で、大学を出たばかりの人やMBAホルダーの垂涎の職業になっていった。

もちろんそれまでも、ゴールドマン・サックスと言えば優良企業でしたがリーマンショック前までのように儲かる職業ではなかったのです。コンサルタントも同様で、ステイタスは高いかもしれないけれど、それほどマーケットは大きくなかったので、極端に儲かる職業ではなかった。コンサルティングも投資銀行も、グローバリゼーションというものの中で拡大したビジネスだといえます。

行きすぎたグローバリズム・格差拡大vs.民主主義

私はアングロ・アメリカン・キャピタリズムとグローバリズムの進展が、ＩＴの普及に拍車をかけたと考えています。今はアフリカの子どもでもタブレットを持って勉強したりしています。

しかし貧しい国が豊かになると同時に、富める国はもっと富んでいるのです。アメリカの中でも貧しい人とそうでない人の差はますます開いている。

貧富の差が開き、格差が簡単には解消できなくなると、世代間で格差が定着するようになる。ということは、民主主義との相性が悪くなります。

それでも日本は相続税が高いから、格差がそこで均されるけれど、たとえばアメリカの相続税は日本と比べると低い。ということは、確実に、〝The rich get richer（金持ちはさらに富む）〟という世界になっていく。

今環境問題や貧困の問題などを解決しようというＳＤＧｓなどの運動も行われていますが、そういうことで行き過ぎたグローバリゼーションやアングロ・アメリカン・キャピタリズムなどの是正をしなければ、おそらく民主主義と自由主義経済は両立しなくなります。

民主主義と自由主義経済は、そのままでは常に両立しないものなのだと言えるかもしれません。

けれども自由主義経済があまりにも負の部分を生み出した結果、「アメリカファースト」を打ち出したトランプ政権ができたり、ブレグジット（イギリスのEU離脱）を求めたりする動きが目立つようになる。その結果、今民主主義が難しい局面を迎えています。自由主義経済をセーブしない限り、民主主義も壊れてしまうというところにあるのです。

話が長くなりましたが、私は資本主義については、このような修正が加わるだろうという見方をしています。1990年代から会社は株主のものだという論調に異を唱えていましたので、私としては一貫した見方です。違う見方をする人がいてもいいと思います。

つまり大局的に目の前で起きていることを把握すると、出来事にはすべて理由があるということが見えてくる。現在の民主主義と自由主義経済の両立が難しくなる前にも20世紀の戦争の時代があり、戦争の反省の中からいろいろな経済体制というものが発展してきたわけです。ということは、人類はもしもデモクラシーを続けたいのなら、アングロ・アメリカン・キャピタリズムの資本主義は修正せざるを得ないという結論にいたるはずです。

一方で中国やロシアは、民主主義とは違った政体です。

中国は経済力をつけて、軍事力も向上して、自分の覇権というものを求めようとしているときに、民主主義かつ自由主義経済の陣営はどのようにそれに対抗していくのか。もしくは対抗ではない、別のやり方があるのか。

日本は何ができるか、備えを考えておかなければいけない

日本はその中で本当に何ができるのかを考える必要はあります。

「でも、それは政治家がやることでしょう」と思っていたら間違いです。

企業活動は政治に多大な影響を受けるからです。自分は政治家ではないにしても、企業活動をする者として、今後はどういう世の中がいいのかを考えなくてはいけない。

自分たちが儲けるためではなく、社会のために自分の企業がすべきこと・できることは何かを予測しておくことです。企業の経営者のような立場にはなくても、インテグリティのあるビジネスパーソンなら、そこは考えておくべきです。

考えたところで、自分の予想どおりにはならないかもしれません。でも、どういう備えをしておくべきなのかは、考えておかなければいけないと思います。

これも歴史を見ているとわかることですが、世界はなかなか普通の人が考える理想のとおりにはなりません。しかし、それでも最終的にはどこかに落ち着きます。正しくないこ

とは、そう長くは続かないからです。

私は今の中国の習近平政権もこのままずっと今のように続いていかないのではないかと思います。あまりにも強権的すぎる。でも今の私たちが中国共産党の一党独裁はいずれ倒れると思っても、そうはならない。中国の人たちがそう思うときが来るまでは倒れない。

私たちの価値観からすると、中国が香港のデモを武力で鎮圧するのは明らかにおかしいけれど、彼らからすると「香港は一時期イギリスに貸していただけで、元々は中国であり、今は再び中国の一部になったのだから、中国の法律に従うべきだ」と思っているかもしれません。彼らには彼らの歴史の見方があって、歴史の発展がある。しかし、自分の側に用意がなければそういう議論もできません。

日本の経営者の中には、このようなことを考えている人もいるけれど、目の前の儲けの機会のことしか考えないという人もいる。「政治は関係ない」と。インテグリティを培うためには、歴史を学び、世界の動きを予想して自分の意見を持つ習慣をつけておくべきです。いつまでも曖昧な態度を続けられはしないと思っていたほうがよいと思うからです。

このような世界情勢の中でも日本企業や日本にルーツを持つ企業が成長していこうと思ったら、多くの場合は日本以外でも活躍しないと不可能です。もう相対的な市場の大きさが全然違いますから。

1990年代の半ばごろまでは、私たちの世界は基本的にアメリカと西欧だけでできていた。中国も貧しかったし、ソビエトなど共産圏は経済的にはあまり大きな意味を持ちませんでした。だけれども今は全然違います。GDPで考えても日本は世界第3位ですが、一人当たりで見ると今や20位に入るかどうかでしょう。

そして、多くの指標が日本がもはや先進国のグループからこぼれ落ちようとしていることを警告しています。

「清貧」は企業には許されない

では、なぜ日本企業や日本にルーツを持つ企業が、グローバルな市場で活躍しなければいけないかと言えば、多くの日本人はやはり、日本にルーツを持つ企業で働くし、日本という国土の中で過ごすことが多いからです。日本人に世界中で移民になって稼いでこいと言っても、それができるとはあまり思えません。

ならば日本の企業が活躍しない限り、私たちの社会は貧しくなります。貧しくなっても清貧な生き方というのがあるのかもしれないけれど、私はそれは成立しないことだと思います。もちろん、そういう生き方を精神として育むのもいいけれど、人間は昔より物質的に貧しくなるのは耐えられないし、隣の人より貧しくなることも受け入れにくいでしょう。

SNSを見ていると、政治のニュースに脊髄反射的にいろいろなことを返している人が目立つ。おそらく嫌韓・嫌中問題の根底には「自分たちより下にいた人たちに追いつかれ、追い抜かれようとしていることへの不快感」がある。それが自分たちの態度として出ていると思います。

そうだとすれば、ある程度の経済成長や繁栄をキープしない限り、幸せではないのでしょう。金ともモノとも離れた人間の幸せを個人として追求するのは素晴らしいと思うし、私もそうでありたいと思うことはあります。しかし社会としては現実的ではないのではないでしょうか。

貧しい精神の考え方かもしれないけれど、隣の人よりも成長するのが、幸福な感情を保つための方法なのかもしれません。

グローバリゼーションもインテグリティを求める

近ごろ、「中国を懲らしめよう」「それには中国と貿易しなければいいんだ」というような意見を目にすることがあります。

しかし貿易しなければ、先に痛むのは日本のほうでしょう。

「いや、それでも日本はアメリカやヨーロッパや東南アジアと通商同盟をつくって、中国はより貧しい国とそれをつくればいい」

という意見もあります。しかしそれを成立させようとしたら、長期間にわたってお互いに今より低成長になる覚悟が必要です。

もしグローバリゼーションがここまで進展していなければ、ここまでコロナが世界的な大流行にならなかったのも事実でしょう。グローバル化が岐路に立っているのは間違いない。

ただ、どうしても自国でつくっておかないと困るものは自国で生産するなど、見直しは必要でしょう。たとえば陸上自衛隊が標準的に装備している銃がありますが、あれは日本製です。万が一他国と戦争になったとき武器が輸入できなくなると困るから、自国で生産することにしているのです。日本は武器を他国に輸出できないので、一丁当たりは割高だと思います。これと同じ考えの範囲が拡大する。

今回のコロナでマスクが品不足になったとき、「これまではマスクの価格を抑えるために中国で生産していたからだ。これからは国内で生産しよう」という意見がありました。ほかにも医薬品や食料など、必要なときに手に入らなければ困るものは、たとえコストが高くついても、自国で生産するようになるのではないでしょうか。

これからの時代は、国家や企業など組織にもインテグリティが求められます。たとえば2019年に、グレタ・トゥーンベリさんという当時16歳の少女のスピーチが話題になりました。国連気候行動サミットでの環境問題に関するスピーチです。

彼女の「あなた方が話すことは、お金のことや、永遠に続く経済成長というおとぎ話ばかり。今後10年間で（温室効果ガスの）排出量を半分にしようという、一般的な考え方があります。しかし、それによって世界の気温上昇を1・5度以内に抑えられる可能性は50%しかありません。私たちにとって、50%のリスクというのは決して受け入れられません。その結果と生きていかなくてはいけないのは私たちなのです」という主張はそのとおりだと思います。かと言って明日から急に石油を燃やすことをやめられないけれど、彼女があいうことを言わなかったら、みんな「そんなこと言ったって、しょうがないよね」で片づけてしまったでしょう。

でも今、たとえば大企業の社長が「しょうがないよね」と言ったら、「そういう会社はダメだ」と判断されるようになっています。たった1人の声がここまで変えたのですから、本当にすごいことだと言わざるを得ない。

環境問題に関する意識は、企業の社長でも、人それぞれです。

「環境問題より明日の稼ぎのほうが大事だ。彼女は大人の世界がわかっていない」という言い方をする人もいれば、「いや、彼女の主張をすぐに実現するのは無理だけれど、誰かが言わなかったら環境破壊は止まらない。だから言ってくれてよかったんだ」と言う人もいる。

私の考えは後者ですが、「あの子はわかってないよね」と言う企業のトップがいると、私はガッカリだなと思ってしまう。そういう人に反論しても仕方がないから、「この人はそういう考え方を持っているんだ」と思うだけですが、そういう部分でインテグリティのなさが露呈してしまう。

環境問題に関しては、自分たちの時代さえよければいいというものではありません。石油や石炭を燃やせばCO_2を排出して大気を汚染するし、地球温暖化にもつながるから、ろくなことはないと理論上はわかっているわけです。

そうかといって燃やさなかったらどうなるかというと、効率のよい発電ができず、経済活動にも影響が出る。では、代替エネルギーを使えばいいかというと、原子力発電は安全性に不安がある。どれも決め手に欠くのですが、この問題に関しては、考えれば解は必ずあるはずです。私はわりと楽天的に考えています。答えは未来にあると考えるからです。

物差しを持つためには新聞、雑誌を幅広く読む

話が脱線しましたが、経済や政治について自分の意見を持つためには、過去の歴史や経緯を学んで、「なぜ今のようになってきたか」を知る必要があります。

その上で心得ておきたいのは、経済や政治など社会的なトピックに関しては、自分とは違う見方をする人が絶対にいるということです。立場が違えば、見えるものも違うからです。それをしっかりと理解した上で、「今後はどうなっていくのか」「私はこう思う、なぜならば」ということが言えないといけない。それがインテグリティのある人だと思います。目先に起きた現象だけを見て、「これはいい」「あれはダメ」と言っていると、一貫性に欠けます。長い時間軸で見たときに、自分の考えが正しかったと思えるようになる、いわば勝率を上げるためには、「蓄積」が重要です。新聞や雑誌を自分の考えとは異なる論調のものも含めて幅広く読み、自分なりに世の中はこうなると予測することを、続けることです。続けているうちに、だんだん正しい予想ができるようになってきます。これには10年か20年はかかるかもしれません。

しかし時間は有限ですから、すべての情報に目を通すのは不可能です。最初に自分のフ

レームワークを決めて、仕事に関連の深い分野のトピックをいくつか定点観測するといいでしょう。

そのとき気を付けたいのは、自分の考え方を否定するような反対の意見を排除しないことです。好きなものだけ読んでいると、反対の意見があることにも気づけません。

自分と反対の意見について、「そうではない」と言い切るためにも、幅広く読む必要があります。

その点、インターネットのニュースやＳＮＳを情報収集の主な手段にしている人は注意が必要です。先にも述べたようにネットやＳＮＳでは、自分の好きなものだけを読むことができる。それがいつの間にか自分にとっての世の中のすべてになってしまうのは非常に危険です。

若い人は、「新聞はタブレットでも読めますよ」と言うけれど、私はやはり新聞紙を広げて、全体を照覧するところに意味があると思います。そして連続して同じようなテーマを見ていること。そうすれば、この件に関しては最近論調が変わってきたなということもわかる。私はいまだにノリとハサミで紙の新聞・雑誌のスクラップを続けています。

「知識」を自分の明日の意思決定に生かす

最近、「東大王」というテレビのクイズ番組が人気なのをご存じでしょうか。見ていると「なぜあんな問題に答えられるのか」というような難しい問題なのに、回答者はパッと見た瞬間、答えがわかる。どうやら彼らは、「こういうものがクイズに出るだろう」と日ごろから出題を予想しているそうなのです。

たとえば最近世界遺産に認定されたものは何かというようなことは当然、頭に入っているし、ちょっとひねって、「この一つ前に認定されたのは何でしたか」と聞いてくるかもしれない。そういう場合に備えて、いろいろな方向に考えを巡らせている。ただファクトを詰め込むだけではないところは、私たちも見習うべきでしょう。

インテグリティを培うためには、自分はどういう生き方をするか、生き方を考えるときに何が重要かを考えて、「日本の製造業」「金融政策」「アメリカの政治」など、自分なりのテーマを設定することです。でもその記事だけ単発で読んでもダメで、その一つ前に何があったかを、「続きもの」として理解しておかなければいけない。そのためには、いくつかの定点観測の項目を決めて情報収集することです。

そうやって培った知識はただの知識として貯めていてもしょうがないので、それを明日の自分の意思決定に生かせるようにしなければいけない。予測するためにはどういうファクターが必要かも、おのずと見えてくるはずです。

どういう世の中になるのか、自分の見方を持つ

クイズの回答者ほどではないにせよ、企業の経営も、多くのことを瞬時に決めなければなりません。たとえば経済が急速に悪化したとします。そんなときも、「最初に取らなければいけない策はこれとこれ」ということが、瞬時に頭で組み立てられるようでなくてはならない。翌日会社に来て、上司から「あれはどうなっている？」と言われ、慌てて調べるようでは遅すぎます。

そのために一番重要なことは、これからどういう世の中になっていくかという大きな流れについて、自分の見方を持つことです。

何が正解かはわからない、先行きもどうなるかわからない世の中です。しかしそんな中でも、一応、自分が理想とする世界を持ち、その上で、自分の取るべき行動を決める。それがインテグリティを持った人間の基本動作です。

自分の軸となる物差しがあれば、それに従って自分でいろいろなことの判断を下すことができる。その結果、必ずしもビジネスとして儲かるとか、うまくいくとは限らない。しかし少なくとも、自分がどういう考えに基づいて意思決定したから、こういう結果になったのだという理由はわかります。

これが常に状況に合わせて自分が損をしないようにということだけで意思決定をしていると、いいことがあっても、逆にうまくいかなくても、本当の理由がわかりません。それだけでなく、自分で自分を不愉快に思うことも多いはずです。相手に合わせようと思って、自分を曲げて何かの提案をしたのに、相手がそれを却下したら、これほど不愉快なことはないと思います。

しかし自分の考えで判断したのであれば、仮に思ったとおりにいかなくても、「私とあの人は生き方が違う」と思って、さっぱりとあきらめることができるでしょう。

何歳になっても学び続ける人は、いつしか自分の中に判断基準が確立してきます。それを常に研ぎ続けていれば、どんなに難しい判断を迫られることがあったとしても、大きく間違えることはありません。

佐藤優　『読書の技法』『勉強法』ほか

佐藤優さんの本は面白い。立花隆さんと似ているのは、徹底的な調査に基づいた議論を展開するところ。知識だけでなく、「へぇ、そういう見方をするんだ」という視点の提供がありがたいと思います。主義主張が同じわけではないけれど。立花隆さんとの差は、東京拘置所生活を経験した、権力についてのリアリティにあるのかもしれません。

私がきちんと読んだ最初の佐藤優さんの本は、『読書の技法』（東洋経済新報社）でした。それまでは、立花隆さんの『ぼくはこんな本を読んできた』（文春文庫）が私の読書の仕方の基本になっていて、それは今も変わりませんが、よりたくさんの本を読む必要が出てきたと感じたときに手に取りました。1冊5分の「超速読」と30分の「普通の速読」、それと「熟読」の三つのモードというのは、その時間で私が速読できるわけではありませんが、私なりに三分して適用することで効率的に読書ができるようになりました。

もう少し、佐藤優さんの中身に触れていくとすれば、『勉強法』（角川新書）がよいと思います。この本の第三講「勉強とは何か」と第四講「教養とは何か」は、基本的な考え方は私もまったく首肯するところで、さらに今から私も取り入れて実践したい助言がたくさん含まれています。

さらにファンになってきたら、『新・学問のすすめ』（文春文庫）に進むとよいと思います。これは、佐藤優さんが神学部で行った特別講義の模様を収録したものなのですが、キリスト教神学という馴染みのない学知を動員することによって、私たち日本人と日本が何者であるのかを自分で考えることを可能にしてくれます。

『現代の地政学』（晶文社）は、地政学という言葉がよく使われるようになっている今日、入門編として読むのにちょうどよい本だと思います。これだけを読んで信じてしまうのではなく、他の類書も読む必要がありますが、とにかく最後まであっという間に読める、読ませる力がある本です。

最後に、『現代に生きるファシズム』（小学館新書）。これは、佐藤優さんと片山杜秀さんの共著で、初版が出たのは２０１９年４月だけれども、新型コロナウイルス禍の今読むほうがタイムリーだと思います。日本は翼賛体制をつくり得る国。だから、外出自粛のお願いがまかり通ってしまう。現政権の能力的限界も、すでにこの時点で言い当てています。

終　章

60歳からの挑戦

なぜラッセル・レイノルズに転職したのか

コンサルティング業界は古い会社を延命させただけなのか

すでに述べたように、私は60歳を前にして、2020年の年末にカーニーをやめて、2021年1月にヘッドハンティングの会社である、やはり外資系のラッセル・レイノルズに転職しました。

本書の最終章では、そのことについて述べます。

私は25年近く外資系の戦略系コンサルティングファームに籍を置き、主に日本の会社の経営陣に助言をしてきました。クライアント企業が変革する、あるいは新たな成長軌道に乗るところに立ち会えたこともあります。その一方で、助言が実行されなかったり、実行の速度が遅すぎて変化の波を乗り越えられなかったりで、リーディング企業の立場を失ってしまった企業もあります。

この25年間で、外資系の戦略系コンサルティングの業界は大きく成長しました。コンサルタントの人数で5倍以上、フィーの額は軽く10倍を超えていると思います。総合系と言われるファームを加えると、経営コンサルティングの市場は圧倒的に大きくなったといっていいでしょう。

ところが、われわれが主にコンサルティングを行ってきた日本企業の世界における地位の低下は著しい。産業別のトップ10企業リストに日本企業が名を連ねるのは、自動車や建設機械といった少数の産業だけです。エレクトロニクス・IT・ハイテクといった産業では、残念ながら日本企業の名前はトップ10から消えていきました。

時価総額、利益額、売り上げといった尺度でトップ１００に入る企業の数も年々減っています。日本の上位企業の名前の多くは変わっておらず、その業容も大きくは変わっていません。

これに対して、日本以外の国のトップ企業ランキングは顔ぶれが変わっているし、たとえ会社名は伝統的な企業であっても、その中身を見ると20年前、10年前と現在では大きく変わっていることが大半です。

むしろ、日本以外の国の企業は変わっているからこそ、上位にとどまることができていると考えるべきなのでしょう。

そうだとすると、経営コンサルティング会社は、日本の多くのクライアント企業が世界で戦える競争力を備えるための助言を行えなかったということなのかもしれません。このような疑問を２０００年代の半ばに感じるようになってきました。

この疑問は２００８年のリーマンショックからの回復局面で、確信に変わりました。そのころ、若いコンサルタントからは、「私たちは、恐竜を生き延びさせるための仕事をやっているのですか？」と突き上げられるようになりました。

私たちの戦略提言、事業変革の助言は間違っていたのでしょうか。ほとんどの場合、そんなことはなかったと思います。一歩先を行く提言もしたし、大胆な事業変革、ポートフォリオの組み替えの提案もしました。提案の場で、「そんなに簡単じゃないんだよ。祖業を売却するなんて」と言下に否定されたこともあります。あるいは、その場は受け入れられたように思えたこともありました。

しかし、実行のリーダーシップを見出せぬまま失速した例も多かった。大胆な改革を実行しようとしても、あの専務と調整してこの副社長と調整して……とやっているうちに、うやむやになります。面従腹背の人は大勢いるし、社長も自分の任期があと5年しかないと思ったら、会社が大きく変わらなくてもいい。そうこうしているうちに改革案は立ち消えになります。

私は自分が直接リードしていたクライアントだけでなく、二つのファームで日本の事業責任者として合計10年、さまざまな案件を見て、ほかのコンサルティング会社が関わっていると側聞したことも含めて、コンサルティング会社の提言は、概ね大胆ではあるが実行可能なものであったと考えます。

では、なぜ、多くの日本企業、とくに伝統的な大企業がグローバル競争の中で劣後していくのでしょうか。2015年ごろには、それは経営者、経営陣、取締役会の質の差ではないかと思うようになりました。

ちょうどそのころに、アイエスエル(ISL)という非営利団体で将来の経営者層を多面的に鍛錬する場に協力しないかと声をかけてもらったことが、その後の決断の一つのきっかけとなったのです。

ISLで次世代リーダー人材育成に関わる

ISLとは『リーダーシップの旅 見えないものを見る』(光文社新書、野田智義・金井壽宏著)の著者の一人である、野田智義さんが立ち上げたNPOです。野田さんはロンドン大学ビジネススクールやフランスのインシアード経営大学院で長く教えていましたが、日本人が欧米のビジネススクールに行って戻ってきても、あまり役に立っていないという危機意識を持っていました。

そういう人たちは帰国後、コンサルティング会社や投資銀行などに入って自分の食い扶持は稼ぐけれど、日本全体をよくすることに寄与しているのかと疑問に思うようになった。

そういう問題意識からNPOを立ち上げ、スポンサー企業から30代後半から40代の社員を預かり、将来の社長候補を育てる全人格教育プログラムを始めました。

私もその経営者リーダー育成プログラムの仕事に関わるようになり、今年で7年めになります。

私の前はカーニー日本法人の前代表である梅澤高明さんが指導を担当していたのですが、梅澤さんがカーニーの日本代表を離れるにあたり、この役も代わってほしいと言われて引き受けることにしました。報酬は些少で、それも私は寄付していますから、本当に手弁当です。野田さんが機会をくれたので、やってみようと思いました。

野田さん自身は灘校、東大、興銀という絵に描いたような「エリートコース」を歩んできた方ですが、彼はISLをつくったという点でアントレプレナーです。富士ゼロックスの故小林陽太郎氏をはじめ経済界の大物に支援を頼み、支援を承知した企業がISLに幹部候補生を1年にわたって派遣する、という仕組みになっています。

1年のコースは前半と後半に分かれています。

前半の6カ月はリーダーとは何かを多面的に学びます。リーダーというのは会社のトップだけれど、役職だけでやっていけるわけではありません。人間として深みがないと人がついてこない。

東日本大震災で大きな被害を受けた福島県に行って被災者と対話をしたり、ソウル大学の人たちと韓国の慰安婦像をめぐる議論をしたりする。「自分たちが何をしてきたか、自分には何ができるのか」を考えるのが目的です。

後半6カ月は、少人数のゼミに分かれての活動が加わります。私はこのゼミの指導を担当しています。

いろいろな企業の人を4人くらい預かり、その人が社長になったと想定して、「社長になったらこういう経営をします」という経営構想を、経営幹部や取締役に向けて書いてもらいます。

それとは別に、全社員向けに社長就任のスピーチを準備する。実際に発表会では各企業の経営者の前で15分間のスピーチをしてもらいます。

私のゼミでは、私のことを「先生」とは呼ばず、「さん」づけにしてほしいというところから始めます。ゼミ生の会社は、私のクライアントではない会社ばかり。お互いに差しさわりがあるので、クライアント企業はなるべく選ばないようにします。そうすることで、私にとっても非常に勉強になる。

また彼らは社長といえば自社の社長くらいしか知りません。その点、私は仕事柄、いろいろな社長を知っているから、「あなたはどういう社長になるんだろうね」という話をお互いに想像して話す。あなたはどういうふうにみんなをリードしていくのか。一人ひとりのやり方があるから、それを考える。

そして、自社の現状分析をしてもらいます。過去にどういう志で創業したのか。今でもそうなのか。未来へつないでいくものは何なのか。それを押さえたうえで、現状はどうなっているのか。現状できていないことや、経営を取り巻く環境も分析します。そして会社をどこへもっていくのか目標を書く。そうすると現状とギャップがあるから、そのギャップを埋める方法と、社長の任期が6年間あるとしたら6年間の工程表を書いてもらいます。

私はそれに対して、「それが本当にやるべきことなの?」「それで本当にできると思ってるの?」というダメ出しをする。

みんな少しずつ書き直して加筆修正レベルで済ませようとするけれど、書いたものを全部一回捨てて、最初から書き直してもらいます。

また、15分のスピーチを、本番前の1週間に60回は練習してもらいます。まずはスピーチの原稿を書いて口に出してみる。経営陣を読者に想定する経営構想と違い、スピーチを聞くのは一般従業員なので、誰が聞いても「この社長について行きたい」と言われるものでなければいけない。部下の前で、また家庭で、配偶者や子どもの前でも練習してもらいます。

そして4人の中で1人、ゼミ・チャンピオンを投票で決めます。

さらにそのゼミ・チャンピオンが集まって、また全体の1位のチャンピオンを決める大会があります。

チャンピオンになるところまではある種の競争ですが、競争と言っても高め合う競争です。ゼミ内の誰か1人がチャンピオンになれば、こんどはその人が全体の1番になるように、みんなで応援します。その人の経営構想と演説を「社外取締役」になってまたダメ出しをして、もっといいものにしていく。

4人のチームですが、ゼミの間は自社の社長であると同時に、他の3社の社外取締役の役割を果たしてもらいます。さらに卒業後もほかの3人のメンバーは自分にとって、生涯の社外取締役になる。岸田ゼミはすでに6期行われていますが、ゼミ同窓会があると東京にいればほぼ全員が集まる。中には社長になりそうな人も何人かいます。

「人脈」がビジネスの役に立つなら立てればいい。日本の代表的な会社の将来の幹部を鍛えると同時に、その人たち自身が、ISLが終わっても切磋琢磨するような関係をつくっています。

戦略を実行できるかはリーダー次第

このように将来のリーダーを指導する仕事を通じて感じたのは、人を育てることの大切さです。経営コンサルタントをしていたときの経験から言えることですが、戦略で失敗する会社は少ないものです。また、戦略をつくることは、比較的誰にでもできます。しかし戦略を実行できるかどうかでは相当な差がつきます。戦略を実行するのは人ですから、実行できるかどうかはリーダー次第と言っていい。そうだとすれば今の日本のリーダーの育て方は、よくないのではないか。

日本の社長の多くは、創業家出身でもない限り、将来自分が社長になるとは思っていません。社長になってから、「自分は社長になる準備ができていなかった」と慌てることになります。

近年は、社長になる前に一度、子会社の社長になり、資金繰りなども経験してから社長になるケースもありますが、ほとんどはある日突然、50代後半に社長になります。しかしほとんどの人は自分のいる部門のことしか知らないし、自動車会社のように単一部門であれば、購買、販売、研究開発など、一つのことしかやってきていません。複数の事業部門を持つ大企業であればなおのこと、自分の所属する部門のことは詳しいけれど、会社全体の経営については考えたことがないというのが正直なところでしょう。

ある部門の代表でしかなかった人が初めて会社全体を見て、「経営構想を立ててください」と言われてもできるわけがない。覚悟ができていないし、戦略を実行するにも、どうすればいいか見当がつかない。それまで自分ごととして考えてこなかったからです。

そういう状況に野田さんは問題意識をもち、全人格的な経営者教育をしようと思った。仮に育てた人が経営者にならなくても、経営者候補が大勢いるような会社が増えれば日本は変わるだろうと考えました。

経営コンサルティングでできることには限界があります。私たちには社長を取り換えることはできません。だから私はこれから将来の社長を正しく選んだり、その会社の幹部にふさわしい人を探したりする仕事をしようと思いました。

日本の経営者の質を高める仕事に挑戦

今、私たちの仕事はヘッドハンティングと言われているけれど、実際には外から幹部人材を連れてくるだけでなく、もっと広く経営者を内外から育てることができる職業に変わろうとしています。

内部での後継者選びも、正しい選び方をすれば、違ったタイプの人が社長になる可能性があります。これまでは「今の社長のお眼鏡にかなった人」が次期社長になるパターンが大半でした。社長を退いた人は取締役会長になり、新社長が間違ったことをしないかどうか見ている。私の結論は、それをやると多くの場合は劣化コピーが生まれるだけ。

次の社長の指名は現社長の専権事項などと言われていましたが、大間違いだと思います。最近は「サクセッション・プランニング（後継者育成計画）」というものを作成して、取締役会が指導してください」と言われるようになりましたが、多くは形式だけで、まだまだ本気で実行されていません。

多くの現社長は自分が選ばれたのと同じ評価基準で、後継者を選ぼうとします。しかしこれからの時代は、何がどう変わるかわかりません。業界も変わるかもしれないし、昨日まで競争相手とは思っていなかった国の企業が急成長するかもしれません。そんな時代にふさわしいリーダーは、今までの管理型、調整型ではないでしょう。しかし実際はまだまだ現社長のお眼鏡にかなった人が選ばれています。

そんな中で、60歳を前にして、人生100年時代というなら、このまま経営コンサルティングを続けるのではなく、新たな挑戦だけれども、経営コンサルティングで積み残した経営者、経営陣、取締役会の質を高めるという仕事に挑戦しようと思ったのが転職の動機の一つです。

２０２０年1月1日にカーニーの日本代表は関灘茂さんに交代しました。パートナー間の選挙で選ばれたカーニー全体の取締役会メンバーの任期も２０２０年末に終わりました。経営コンサルティングを続けていけば、グライダーのように滑空して徐々に高度を下げて着地するのかもしれないけれど、もう一度違う山に登ってみようかなと思いました。

もう一つは、個人的な体験です。親友の瀬戸欣哉さんがリクシルの社長を追われ、その後復帰した経緯に個人的に関わり、日本の大企業において、いかにコーポレートガバナンスが蔑ろにされていたかを知りました。指名委員会を備える委員会設置会社においてであっても、それがまったく形骸化していた事実。「上場しているオーナー企業」など、語義矛盾も甚だしい。こんなことがまかり通っていてよいのかという義憤も動機の一つとなりました。

現実には、ラッセル・レイノルズは、エグゼクティブ・サーチ・ファームであり、外資系企業幹部のヘッドハントをする会社というのが世間の認知です。しかし、そこから業界、会社を変えるつもりで、日本企業の経営者、経営陣、取締役会の質を向上させて日本企業のグローバルにおける競争力を再び取り戻すというのが新たな目標です。

このこと自体は、経営コンサルタントのときから変わりません。新たなプロデュース業の出発だと思っています。

プロデュースするという意味では、この産業自体を変えていかなければいけないと思っています。「外資系コンサルティング会社」「外資系ヘッドハンター」というように、「外資系」という言葉が頭につく。だいたいイメージとしては、日本の才能ある人たちをたぶらかすという言いすぎでしょうか。そういうイメージを持たれない産業にしていかなければならない。

「クライアントに選ぶのは、産業を変えるつもりの人にしろ」

と言ってきました。

それなら私も、ヘッドハンティングの世界がまだそういうイメージでとらえられているのならば、産業を変える必要がある。

この世界には大きな会社が5つあります。ラッセル・レイノルズ、エゴンゼンダー、ハイドリック ＆ ストラグルズ、スペンサースチュアート、コーン・フェリー。業界の中では、このうちの2社以上を経験している人が大勢いる。それだけ個人商店に近い。ファームと言っても個人商店の集まりということでしょう。個人商店の集まりというのは25年くらい前の経営コンサルタントと非常によく似ています。

ヘッドハンティングが企業と人のマッチングだけをするのであれば、そういうふうにファームに不満があれば同業他社に移るということもできたのかもしれません。しかしこれからリーダーを選ぶことに深く関わっていきたいという展望があるのならば、組織としてクライアントにベストのソリューションを提供するという方向に変えていく必要があるでしょう。

リンダ・グラットン『ワーク・シフト』『ライフ・シフト』

私自身の50代以降のキャリア・デベロップメントに大きな影響を与えてくれたのは、リンダ・グラットンさんです。まず一冊目の『ワーク・シフト』（プレジデント社）は、「仕事のやり方に変化が起きるとき、その中核には必ずエネルギーの変化がある」「今回はコンピュータのデータ処理能力が新しいエネルギーだ」と指摘。テクノロジーの進化とグローバル化の進展は私たちの仕事に対する意識をどう変えるのかと問題提起しています。

グラットンさんは、明るい未来を切り開くためには次の3つのシフトが必要だと説きます。（1）ゼネラリストから「連続スペシャリスト」へ、（2）孤独な競争から「協力して起こすイノベーション」へ、（3）大量消費から「情熱を傾けられる経験」へ。

（1）のゼネラリストからの脱却は、仕事内容が複雑化した現代においては他の人たちの高度な専門技術と知識を生かすために人的ネットワークを築きあげることが必要になります。

多様な人たちと接点を持ちさまざまなアイデアや発想に触れれば、おのずと自分の得意分野が見えてくるはず。自分の専門技能を十分に高めた後、隣接分野に移動したり、まったく新しい分野に『脱皮』したりすることが「専門技能の連続的習得」につながるのです。

（2）の協業について、著者は3種類の人的ネットワークが必要と説いています。自分と同様の専門技能の持ち主で構成される少人数ブレーン集団（ポッセ）、自分と違うタイプの多様性に富むコミュニティー（ビッグ・クラウド）、生活の質を高め心の幸福を感じるための「自己再生のコミュニティー」です。

（3）のシフトは、大量消費主義を脱却し、家庭や趣味、社会貢献などの面で創造的経験を重んじる生き方に転換することです。本書では一般企業から非営利団体に転職し、収入は下がったもののお金以上のやりがいや幸福感を得た人が紹介されています。

この本は大学生だった長男に薦め、次にグラットンさんがロンドン・ビジネススクールの同僚であるアンドリュー・スコットさんと書いた『ライフ・シフト』（東洋経済新報社）は妻にも薦めることになりました。「100年時代の人生戦略」を考えたのは初めてです。「70歳、80歳、100歳になった自分がいまの自分をどう見るかを考えてほしい。いまのあなたがくだそうとしている決断は、未来の自分の厳しい評価に耐えられるだろうか？」

この二つの本を読んだことで、私は60歳からは新しいことをすると決めたのでした。

あとがき――仲間への感謝とインテグリティ――自分は世界一幸せな人間と思える

20代のころは「自分が一番」、感謝が薄い人間だった

本書では、ずいぶんと偉そうなことを書いてしまいました。若いころの私をご存じの方からすれば、「何を言っているんだ」と思われることでしょう。

実際、20代のころの私は感謝の薄い人間だったと思います。大学生のころは、経済学部に入りたくて入ったわけではないので、勉強したいこともなく、斜に構えていました。周囲の人を思いやる余裕もなく、頭の中を占めるのはいつも自分のことばかり。常に自分が一番だったような気がします。

大学を卒業して入ったパルコでは、「嫉妬のかたまり」でした。「あいつに先に成功してもらいたくない」とか、「このイベントをあいつと一緒にやったら、成果は彼にいってし

まうのではないか」とか、「仕事を依頼した有名アーティストがそいつのほうを向くのではないか」などと、いつもピリピリしていました。

コンサルタントになってからの私が多少ましな人間になれたとすれば、取り返しがつく範囲内で失敗させてみようと、リスクを取って私を育ててくれた人がいたからです。そのおかげで、自己中心的な狭い世界から抜け出せたのだと感謝しています。

部下も業者も使い倒し

20代の私が常に焦燥感にさいなまれていたのは、競争的な環境にいたという理由もあるかもしれません。パルコのイベントを企画する仕事は、常に成功をおさめていないと、すぐ他部署に異動になるのです。

宣伝の仕事をやりたい人が大勢入ってくる中で、そこに居続けるためには、注目を浴びる仕事で実績をあげる必要がありました。

私がいたころの宣伝の仕事のハイライトの一つは、新店の開店でした。当時のパルコは次々に新店を出店しており、新しいパルコが開店するにあたり、イベントを企画するのです。私は名古屋パルコの開店をどうしても担当したかった。なぜなら規模が大きく、必然的に目立つからです。だから自分から手を挙げて志願しました。

ところが当時のセゾングループ総帥の堤清二さんも出席していた、名古屋パルコ開店前日のお歴々が列席したパーティーで、停電になるというアクシデントが起きた。まだ店内では開店に向けた最後の工事をしている中でイベントのために電気を使いすぎたのか、電源が落ちてしまったのです。あのときは文字どおり目の前が真っ暗になり、これで会社員人生は終わりだと思いました（実際はクビにはなりませんでしたが）。

とにかく目立つ仕事を成功させたという手柄を誇示したかった。自分と一緒に働く部下や取引先のことなど、まるっきり考えていませんでした。

妻は私の仕事ぶりをそのときしか知らないから、いまだに「あなたはひどい人だと思われているわよ。闇夜には注意してね」と真顔で言うほどです。

おそらく部下の手柄も自分のものにしていただろうし、できない人とは仕事をしたがらなかった。

たとえば印刷業者さんから「納期に遅れます」という電話がかかってきたら、「ふざけんな！　どうするつもりだ！」と怒鳴り散らして、受話器を投げたりしていました。

私より年上の社員に辛く当たったこともあります。その人は私からするとできない社員でした。それで、あることをきっかけに、「いてもいなくても変わらないから」と言ってしまいました。その人はしばらくして会社に来なくなりました。

若いころを思い出すと、人間としてどうかと思うような、恥ずかしい思い出だらけです。

チームの仲間が助けてくれることに感動

転機が訪れたのは35歳でブーズ・アンド・カンパニーというコンサルティング会社に入ってコンサルタントになり、わずか4カ月めくらいのときでした。ストレスが原因だったのか、腸閉塞で入院することになってしまったのです。

まだ転職してきたばかりだというのに、仕事に穴をあけてしまった。

私が抜けたプロジェクトはあと少しで終わりというところだったので、今さら新しい人を入れてどうなるものでもありません。残ったメンバーで分担して仕事を片付けることになり、ほかのメンバーには非常に迷惑をかけました。

外資系企業は結果がすべてです。クビになっても文句は言えないだろうと思っていました。

それなのにチームのメンバーは私を責めるどころか、忙しい仕事の合間を縫って、病院に見舞いに来てくれたりしたのです。「チームって、こんなことをしてくれるんだ」と驚きました。

会社からも、私がプロジェクトに穴をあけたことに対してペナルティを科したり、注意をしたりといったことは何もありませんでした。

外資系コンサルティング会社はもっと殺伐としているのかと思っていたのに、実際はそうではなかった。

すでに述べたようにパルコにいたときの私は、「自分が」「自分が」という人間でした。自分の思いどおりにするために会社を使い、上司を使い、部下や取引先を使い倒して仕事をしていたのに、能力主義のはずの会社が病気で仕事ができない自分を受け入れてくれたのです。

この入院の経験が、私の転機となった気がします。

私はこの地球上で最も幸運な男である

私は、2019年末にカーニーの日本代表を交代、1年間はグローバル取締役、クライアント・パートナーとしてカーニーに残りましたが、2020年末をもって、カーニーを去り、新しい道に踏みだすことになりました。

2019年にカーニー日本代表を退任するにあたってお世話になった方々に送った挨拶には、次のようなフレーズを入れました。

〝My message is simply I am the luckiest man on the face of the earth.〟

おわかりの人もいると思いますが、筋萎縮性側索硬化症（ALS）で引退を余儀なくされたルー・ゲーリッグが引退式で述べたスピーチの一節です。

このスピーチで彼は、彼のまわりのすべての人に感謝の気持ちを表しました。

偉大な野球選手であるゲーリッグの足元にも及ばない私ですが、私は本当に、地球上で最も幸運な人間だと思っています。

最も幸運な人間でいられるのは、多くの先輩、仲間やクライアントに助けられてきたからにほかなりません。

カーニーを卒業してからも、自分の中では「プロデュースする仕事」が続きます。

これからも自分自身のインテグリティを追求し、「Trusted Advisor」であり続けたいと思っています。

謝辞

本書の執筆にあたっては、まず、カーニーで同僚だった皆さんに感謝の意を表します。本書はもともと、2019年にカーニーの日本代表を交代した後に、至らなかった私が多くの人たちに支えられて歩んだ道について振り返ってみようと思い構想を練ったのでした。2020年初めから広がった新型コロナ禍への対応のために構想をしばらく中断したため原稿執筆が遅れ、ラッセル・レイノルズに移ってからの出版になってしまいましたが、カーニーの皆さんとの日々がなければ、今の私はありません。

コンサルタントでは一緒に働くことが多かった関灘茂さん、後藤治さん、竹村文伯さん、井上真さん、阿部暢仁・マッスィミリアーノさん、濱口典久さんは、ふわふわとした私のイメージをいつも現実のものにしてくださいました。吉川尚宏さんと筒井慎介さんには東京オフィスのオペレーションを変えていくところで具体的な形にしていただきました。

私をカーニーに呼んでくださり、今は日本のイノベーションの刷新を試みる梅澤高明さんと日本で民間の宇宙ビジネスを成長させようとしているディレクターの石田真康さんからは、一人で道をつくっていくリーダーシップを学びました。2020年3月に急逝された栗谷仁さんは、私が日本代表を務めた6年間、ずっと私を支えてくださいました。改めて哀悼の意を表します。

7年間にわたってアシスタントを務めてくださった貝塚博子さんの存在なくしては、日本代表、グローバルの取締役会メンバー、そしてクライアント・パートナーの役割を果たすことはできませんでした。ファイナンスの安達潤子さんとオペレーションの金子望さん、HRの阿部浩美さんも日本代表時代を支えてくださいました。PRの久々江敦志さんはカーニー在職中のすべての対外コミュニケーションに助言をしてくださり、今回の出版の準備にもご協力いただきました。

カーニーの卒業にあたり、誕生年である1961年のワイン、La Mission Haut Brionを贈ってくださった皆さん、皆さんのことは忘れません。

ISLの野田智義さん、ファカルティと事務局の皆様、私のゼミ生の皆さんとの日々がなければ、そのままコンサルティングを続けて卒業に至らなかったかもしれません。私が2012年から社外取締役を務めるモノタロウの社長の鈴木雅哉さん、他の取締役と経営幹部の皆さんからは、毎年20%成長する企業に関わるという機会をいただきました。

本文中に登場していただいた私の生涯のメンターである西浦裕二さん、セゾングループの志を共有する森川茂治さん、1961年生まれの会「1961クラブ」を主宰する渋澤健さん、スマートコンストラクションを牽引するコマツの四家千佳史さん、ビズリーチを創業した南壮一郎さんにも私の考え方を発展させるうえでインパクトをいただきました。

そして、42年前に会ってからこれまで途切れることのない友情を保ってくれた瀬戸欣哉さんの存在なくしては、やさぐれていた私がビジネスパーソンとして社会的更生を果たすことはできませんでした。

前著『コンサルティングの極意――論理や分析を超える「10の力」』の刊行から6年間にわたり、本当に辛抱強く、熱心に本書の執筆を勧めてくださった東洋経済新報社の藤安美奈子さんと、藤安さんと同じく前々著『マーケティングマインドのみがき方』から引き続き編集協力してくださった長山清子さんには大変お世話になりました。お二人がいらっしゃらなければ、この本が日の目をみることは決してありませんでした。

本書の完成まで、さまざまなかたちでご尽力をいただいたすべての皆様に御礼を申し上げます。

最後になりますが、これまで数年ごとに会社を移り、今回は職業まで変えてしまう決断を一言の疑問も呈さず見守ってくれた妻、篤子と大人同士の会話が増えて政治経済のトピックや、読む本、観る映画について新しい見方を吹き込んでくれた長男、慎ノ介、長女、桃子に感謝します。

【著者紹介】
岸田雅裕（きしだ　まさひろ）
ラッセル・レイノルズ日本代表
1961年愛媛県松山市生まれ。東京大学経済学部経営学科卒業。ニューヨーク大学スターンスクールMBA。パルコ、日本総合研究所、ブーズ・アレン・アンド・ハミルトン、ローランド・ベルガー、ブーズ・アンド・カンパニー、カーニーを経て、2021年より現職。80年代中盤はパルコのイベントプロデューサー、80年代後半から90年代前半は新規事業企画部門でセゾングループの海外都市再開発プロジェクトを担当。留学を経て、戦略コンサルティングファームのパートナーや日本事業責任者などを務める。2014年カーニー日本代表に就任してからは、企業戦略、事業戦略、リーダーシップ開発、M&A、トランスフォーメーションの支援を多数行うと同時に、カーニーの日本オフィスを利益と成長の両面でグローバルにも有数のオフィスに導いた。2021年からは、ラッセル・レイノルズ日本代表として「日本の経営者の質を高める仕事」に取り組んでいる。著書に『マーケティングマインドのみがき方』『コンサルティングの極意――論理や分析を超える「10の力」』（いずれも東洋経済新報社）などがある。

INTEGRITY インテグリティ
正しく、美しい意思決定ができるリーダーの「自分軸」のつくり方

2021年8月12日発行

著　者――岸田雅裕
発行者――駒橋憲一
発行所――東洋経済新報社
〒103-8345　東京都中央区日本橋本石町 1-2-1
電話＝東洋経済コールセンター　03(6386)1040
https://toyokeizai.net/

カバー・本文デザイン……竹内雄二
D T P………………森の印刷屋
印　刷………………東港出版印刷
製　本………………積信堂
編集協力……………長山清子
編集担当……………藤安美奈子
　ISBN 978-4-492-55803-4